U0723934

大人物小故事丛书

外交家

颜煦之◎编著

台海出版社

图书在版编目（CIP）数据

外交家 / 颜煦之编著. —北京：台海出版社，
2013. 7
（大人物的小故事丛书）
ISBN 978-7-5168-0213-7

Ⅰ. ①外…Ⅲ. ①颜…Ⅲ. ①外交家—生平事迹—世
界—青年读物 ②外交家—生平事迹—世界—少年读物
Ⅳ. ①K817-49

中国版本图书馆CIP数据核字（2013）第133320号

外交家

编　　著：颜煦之

责任编辑：陈友军
装帧设计：视界创意　　　　　　版式设计：钟雪亮
责任校对：李福梅　　　　　　　责任印制：蔡　旭

出版发行：台海出版社
地　　址：北京市朝阳区劲松南路1号，　邮政编码：　100021
电　　话：010—64041652（发行，邮购）
传　　真：010—84045799（总编室）
网　　址：www. taimeng. org. cn/thcbs/default. htm
E-mail：thcbs@126. com

经　　销：全国各地新华书店
印　　刷：北京一鑫印务有限责任公司
本书如有破损、缺页、装订错误，请与本社联系调换

开　　本：710×1000　　1/16
字　　数：187千字　　　　　　　印　　张：12
版　　次：2013年7月第1版　　　印　　次：2021年6月第3次印刷
书　　号：ISBN 978-7-5168-0213-7

定价：29.60元

目录 **MU LU**

编者的话

古往今来，世界上涌现了多少英雄豪杰、旷世奇才！他们中有的胸怀天下，保家为国，为民谋福；有的文武双全，万夫莫当，勇冠三军；有的超凡入圣，博古通今，满腹经纶；有的足智多谋，能言善辩，安邦定国；有的七步成章，著书立说，著作等身；有的多才多艺，身怀绝技，不同凡响；有的心灵手巧，创造发明，造福人类；有的学富五车，诲人不倦，为人师表；有的浪迹天涯，出生入死，敢为人先；有的忍辱负重，自力更生，艰苦创业……

这些出类拔萃、建有丰功伟绩并能流芳百世的人物，就是人们所景仰的政治家、军事家、思想家、外交家、文学家、艺术家、科学家、教育家、探险家、企业家……

这些人，在他们各自领域能取得辉煌的成就，都有各自的原因。或是勤奋好学，任劳任怨；或是克勤克俭，锲而不舍；或是谦虚谨慎，勇于探索……他们的成功，离不开他们良好的心理素质和高尚的道德品质。他们的成功，都饱含着辛勤的汗水和痛苦的泪水。他们的成功，都有一个个说不完的动人故事。

这些人，是能人，是强人，是名人，是巨人，是圣人，是"超人"，是伟人，是我们常说的大人物。他们不仅为后人留下数不尽的物质财富，也给我们留下无尽的精神力量。他们是人们崇拜的对象，也是人们学习的榜样。

人们常说，"榜样的力量是无穷的"。"近朱者赤，近墨者黑"，就是这个道理。孟母三迁，择邻而居，就是要为儿子找个好榜样。

这里，我们收集了10个领域里共1000多位大人物的小故事。大人物，虽是伟人、巨人，但他们也是常人，是凡人。他们也有着跟普通人一样的经历。他们有七情六欲，喜怒哀乐；他们有成功的喜悦，也有失败的痛苦；他们曾有万贯家财，也曾一贫如洗；他们曾所向无敌，也曾溃不成军；他们曾受人敬仰，也曾被人耻笑……在他们身上，有许多这样生动有趣的小故事。

这些小故事，大都以历史事实为依据，加以描写；也有以人物传记为蓝本，加以缩写；也有以新闻报道为素材，加以改编。这些小故事，有写政治家的雄才大略，也写他的大智若愚；有写军事家的视死如归，也写他的儿女情长；有写外交家的大义凛然，也写他的委曲求全；有写思想家的真知灼见，也写他的人生追求；有写艺术家的勤奋刻苦，也写他的德艺双馨；有写教育家的知识渊博，也写他的不耻下问；有写文学家的创作甘苦，也写他的奇妙构思；有写科学家的呕心沥血，也写他的失败经历；有写探险家的赴汤蹈火，也写他的胆大心细；有写企业家的仗义疏财，也写他的精打细算……

这些小故事，像一颗颗璀璨的露珠，晶莹剔透，闪闪发亮，能折射出大人物们身上夺目的光芒。这就是人格魅力！这就是人格力量！这就是我们学习的榜样。

我们写出这些大人物的小故事，把他们的精神面貌一一展示在你的面前，少年朋友们读了这些小故事，当可从中获得知识，受到启迪，明白事理，学会做人。

祝福你，少年朋友，但愿你也能成为大人物！

·张仪自救·

　　战国后期，只剩下七个国家，其中秦国最强。这时，出现了一些专门研究各国的形势和相互关系、游说于各国之间、从事外交活动的谋士。其中最有名的是苏秦和张仪。苏秦主张六个国家联合起来对抗秦国，这称为"合纵"。张仪是秦国宰相，他主张联合六国中的几个国家，破坏合纵阵线。

　　公元前313年，张仪奉秦国国君之命，出使楚国。张仪对楚怀王说，只要楚国跟秦国联合，秦国就送六百里地给楚国。楚怀王利欲熏心，便同意了。他与齐国等国断绝往来，一心巴结秦国，并派大臣逢侯丑到秦国去接受六百里地。哪知张仪回秦国后，就装病不出来，逢侯丑只好借探病为由，才见到了张仪。当他问起六百里地之事时，张仪却装糊涂，说："什么六百里？我说的是我自己的封地六里，你要，拿去好了。"

　　逢侯丑这才觉得上了当，气呼呼地回到楚国将此事向楚怀王禀报了。

　　楚怀王大怒，于是发兵十万，攻打秦国。秦王以魏章为大将，领兵十万拒敌。而齐国也趁机出兵攻打楚国。

　　楚军腹背受敌，大败，逢侯丑等人战死。连汉中之地六百里也被秦国夺去了。

　　楚怀王气得"哇哇"大叫，他许诺愿意用楚国的大片土地从秦国换回张仪，杀了他以解心头之恨。

　　秦惠王懂得三军易得，一将难求的道理。他怎会让张仪去送死呢？

　　张仪对秦惠王的做法十分感动。他亲自向秦惠王请求道："大王待我恩重如山，如果真能用我张仪换得大片楚国土地，臣愿前往楚国。"

　　秦惠王说什么也不同意，可张仪决心已下，且对秦惠王说楚怀王一定不会杀他的。

　　最后秦惠王终于同意了张仪的请求，一来他拗不过张仪，二来他相信张仪的聪明才智。

　　张仪一到楚国，楚怀王二话没说就将他抓了起来，准备在一个合适的日子杀了他。

　　张仪却不惊慌，悠闲自在地在牢房里吟起诗来。他之所以这么胸有成竹，也是有原因的。原来，来到楚国的另一个人正在积极活动呢。

　　此人叫令狐笑，是张仪的弟子，他早张仪几天到楚国，随身携带了不少金银珠宝准备应急之用。

　　张仪对令狐笑说过，楚怀王的宠臣靳尚十分贪财，叫他带着金银去找靳尚打通关节。

　　令狐笑来到靳尚府中，将全部金银珠宝都拿了出来，靳尚半推半就地收下了。

　　令狐笑将张仪吩咐他的话给靳尚说了一遍，请他帮忙找一下楚怀王的夫人郑袖。

　　于是靳尚提了一个包装精美的盒子，在侍女的带领下，走进了王宫的后花园。这时郑袖正在园中赏花。

　　靳尚满脸堆笑，讨好地说道："娘娘正赏花呢？"

　　郑袖挽了挽有些松散的发髻，心不在焉地回答道："是呀，靳大人何事啊？"

　　靳尚将那盒子拿出来，小心翼翼地放到郑袖的面前，然后打开盒盖，一道绿光四射开来，把郑袖的眼睛都刺痛了。

　　靳尚解释道："小人听说娘娘最爱祖母绿宝石，这儿有一颗孝敬娘娘。"

郑袖仔细审视了一番宝石，突然撇撇嘴说："靳大人，不必拐弯抹角，有事直说吧！"

靳尚讪讪地笑着说："娘娘英明，实不相瞒，我今日来是为了一个人，不知娘娘可曾听说皇上抓了个叫张仪的秦国人？"

郑袖愣了愣说道："是不是那个曾骗过大王的张仪？听说快要斩首了。"

靳尚环顾左右后神秘地说："娘娘可知道，秦王是非常恨张仪的，所以把张仪送到楚国来处死。秦王为讨好咱们大王还打算将侵占的楚国土地归还，听说，秦王还打算将他最美丽的公主送来给大王……"

"住口！"郑袖气急败坏地甩袖走了。

当晚，楚怀王来看郑袖，郑袖正坐在榻上抹眼泪呢。

楚怀王大惊："美人，为何哭泣？"

郑袖擦擦眼角说："妾身是替大王难过。"

"哦，这又为何？"

郑袖道："妾身听到老百姓在议论大王是暴君，竟要杀名臣张仪。大王，当初张仪设计为秦破楚，也是因为受了秦王的指使，而今秦王讨厌他了，就借您的手杀他，大王你若中了秦王的计，可真的要被人唾骂取笑了。大王还是将他送回去，叫秦王自己去处置，不可中计呀！"

楚怀王大怒，第二天就把张仪放了。

张仪只略施小计，就安然无恙地回到了秦国。

·子贡巧使连环计·

子贡是春秋卫国人，姓端木，名赐，是孔子的学生，非常善于言辞。

齐国的田常准备派兵攻打鲁国。孔子的祖坟都在鲁国，于是孔子找来了子贡，让他出面制止这件事。

子贡到齐国找到了田常，一见面就故作惊讶地说："您讨伐鲁国，简直是犯了天大的错误。"田常一听，吓了一大跳。子贡不慌不忙地说出了一大堆理由。田常听得直点头，可田常的兵已经正在前往鲁国的路上，这怎么办？

子贡说："您按兵不动，我现在去吴国见吴王，让他救鲁伐齐，您再因此派兵迎战吴国。"田常同意了。

在南方，子贡见到了吴王，劝说他："我听说齐国在招兵买马，准备和你们大打一仗。"

吴王吃了一惊，忙问怎么办。子贡说："大王不必恐慌，现在齐国正要攻打鲁国，您可以说是惩强扶弱，借机宣战，在齐国还不强大的时候击垮它。"看见吴王面带难色，子贡接着说道："我知道大王一直想讨伐越国，但大王要是不去做大事，只是讨伐小小的越国而畏惧强大的齐国，会被天下人耻笑的。如果您现在解救鲁国讨伐齐国，向晋国施威，那么齐国诸侯必然会竞相归顺吴国，您的霸业也就可以成功了。"

吴王听信了子贡的话，可他又犯了疑，吴国和越国一直是对头，要是越国趁吴国兵力空虚时，向吴国发兵可怎么是好？

子贡直拍胸脯："小事一件，要是大王实在仇恨越国的话，我请求东去，面见越王，令他出兵，跟随大王讨伐齐国，这样做实际上越国就空虚了！"

越王见到子贡后，首先发话："我曾经自不量力，与吴国打仗，被困于会稽，我对此痛彻骨髓。不知先生可否帮我出个主意，让我报了此仇。"

子贡点点头说："吴王因为凶猛残暴，大臣和百姓们都十分恨他。现在他要去和齐国开战，而不再与越国为敌。如果他讨伐齐国没有取胜，那就是大王的福气；要是他战胜了齐国，肯定要扩大领土，再去打晋国。我再到北面去见晋国国君，让他攻讨吴国，吴国必然被削弱。而且吴国的精锐都在齐国，大王趁机进攻吴国，一定会灭掉吴国。"

越王听后很是欢喜，同意按子贡的计策行事。

子贡离开越国，又到了吴国，他对吴王说："现在越国非常弱小，他们再也不敢和大王您抗衡了。"吴王听了以后，非常高兴，便开始准备攻打齐国。

子贡又来到了晋国，他对晋国的国君说："如今吴国与齐国就要打仗了，如果齐国打败了吴国，吴国必然大乱；要是吴国打败了齐国，吴国必将兵临晋国。"

晋国国君大惊，问子贡："这如何是好？"

子贡说："大王，不需要担心太多，现在能做的就是修造武器，休养将士，做好与吴国打仗的准备。"

晋国国君同意了。此后，子贡离开晋国同到了鲁国，告诉孔子鲁国平安无事了。

吴国果然与齐国军队在艾陵交战，大败齐军，却未返归吴国，而是兵临晋国，与晋国军队在黄池上相遇。吴、晋两军争强，晋军勇猛攻击，大败了吴国军队。

越王听到这个消息，马上渡江袭击吴国，离城七里扎下营寨。吴王听说后，立刻离开晋国朝吴国赶赴，与越国在五湖交战。打了三仗，都未取胜。结果吴国城门失守，越王包围了王宫，杀死吴王夫差和他的臣相。

消灭吴国的三年后，越国在东方称霸。

子贡真是纵横家的祖师。他保全了鲁国，搞乱了齐国，灭了吴国，使晋国强盛，并使越国称霸。十年之中，改变了五个国家的命运。

·弦高犒师·

弦高是春秋时郑国的商人，一次偶然的机会让他成了一位历史名人。

这年春天，秦国国君派大将孟明视率领三十万大军袭击郑国。三十万大军浩浩荡荡，见首不见尾，孟明视坐在马上，对士兵们喊道："大家快一点儿，等我们拿下郑国的国都就能休息了！"在孟明视的命令下，部队加快了行军步伐。

这天，商人弦高赶着一群牛出去卖，他打老远就看见尘土飞扬，好像是部队正在急行军。弦高感到有些奇怪，没听说有哪个军队要从这儿过。和他一起的商人忙对弦高说："我们快找一个地方躲躲吧，要不然，我们这些牛被士兵抢走可划不来！"那个商人说完就把他的牛赶到路边的山谷里。弦高知道这条路是通往郑国国都的，于是猜测起来，莫不是有军队要攻打郑国？想到这儿，弦高心里有些害怕，但他不打算让开。

军队越来越近了，弦高认出是秦国的军队，秦国和郑国一向不和，看样子来者不善。弦高一面使人快马去郑国报信，一面把牛赶到了一起，挡住了孟明视的军队。

孟明视见前面的部队停止前进了，以为发生什么事了，便快马加鞭朝队首奔驰而来。

弦高大声说："我是郑国的使者，想求见你们的将军！"

孟明视听见了弦高的话，心里有些奇怪，这次突袭是在绝对保密的情况下进行的，郑国怎么知道？于是，他吩咐士兵把弦高带上来。

弦高一见孟明视就拱了拱手，说："我们大王听说将军不辞辛苦从远道而来，特意让我前来犒劳三军，这里有四张牛皮，十二头牛，请将军收下！"

一听到这话，孟明视不知该怎么办了。他挠挠头说："先生，请回吧，郑王送的东西我收下了，请代我向郑王问好！"

见弦高走了，孟明视马上喊来军师，和他商量怎么办。

军师捋捋胡子，沉吟片刻说："看情形，郑国有准备了，不能指望偷袭了，我们还是回去吧！"

孟明视点点头，一挥手让部队掉转方向。

秦军顺路灭了滑国，就回秦国去了。

弦高凭着自己的智慧，保住了自己的国家。郑王听说这事儿后，对弦高进行了嘉奖。

·晏婴使楚·

晏婴是春秋战国时齐国的政治家和外交家，人称晏子，他是山东高密人。我们现在看到的古书《晏子春秋》，就是战国时人们搜集有关他的言行编辑而成的。

晏子其貌不扬，而且个头非常矮小，但是脑袋瓜子特别灵活，能言善辩，齐国国君遇到很多大事，都找他商量。

有一次，齐国国君派晏子出使楚国。

楚王听说后，心里很不快活，派这么个家伙到楚国来，简直是看不起楚国，楚王决定好好羞辱羞辱晏子。于是，楚王让人按照晏子的身高，在大门的旁边开了个小门。

晏子一看这架势，便明白了，他心里非常生气，对自己看不起就是对齐国的蔑视，他决定要给楚王一点儿好看。

正在这时，门楼上有人喊话："大王有令，齐国来的使者晏子快钻进来求见！"

站在城楼上的楚王，暗暗得意，他伸头瞅瞅下面的晏子，觉得齐国派这么个矮子来，简直就是国内没人了。

晏子知道楚王一定在城楼上，等着自己的好看，就把手握成话筒的形状，喊道："出使狗国的人，才从狗洞进去。齐王让我出使楚国，但没对我说楚国就是狗国，今天一看，真是个狗国。"

楚王一听，有些慌神，要是晏子真的从小洞里钻进来，那就真应了他说的，楚王忙迫不及待地探出脑袋来，说："别钻进来，那是昨天晚上小偷进来弄的洞，先生稍等，我这就让人开门让你进来！"

这时，楚王才有些明白，晏子果真能言善辩，但他心里还不太服气，想要挣回来刚才丢掉的面子。楚王让人把屋子里的椅子都搬走，决定站着同晏子谈话。

晏子进来，一见房间里没有椅子，就知道楚王又在玩花招。

果然，楚王走到晏子的跟前，同他比了比个头儿，然后哈哈大笑："你们齐国大概没有人了吧？怎么派你这么个矮小的人来呢？"

晏子微笑着，朝楚王拱了拱手："大王没去过我们齐国国都临淄吧，那儿有三百多条大街，人多得把衣袖一展开就能把太阳给遮住。热天时，人们挥洒的汗水如同下雨一样，就是走在路上，人多得也是肩靠着肩，脚碰着脚，怎么没有人呢？大王真是井底之蛙！"

楚王被晏子抢白得脸白一阵红一阵，他继续问道："那么为什么把你派到这里来呢？"

晏子沉着地说："我们齐国派使臣，有个规矩，上等的使臣派到上等国，下等的使臣派到下等国，我是个下等使臣，所以就被派到楚国来了。"

晏子一席话，让楚王顿时哑口无言，再也不敢小看这个矮小的使者，只好对晏子以礼相待。

·生死剑·

春秋战国时期，吴国的公子季札文武双全，在当时非常有名，吴王也经常派他做使节，到别国去进行外交活动。

有一回，季札奉命到徐国去。徐国的国君徐君早就听说过季札的名字和本事，心里非常敬佩，同他进行了交谈。这一谈，两人大有相见恨晚的感觉。

徐君也懂音乐、剑技，两人志趣相投，一见如故，并成了好朋友。晚上，徐君为季札摆下了丰盛的酒宴，两人频频举杯。忽然，徐君看见了季札腰上的宝剑，就说："公子既然精通剑术，我想此剑绝非一把普通之剑。"

季札就从腰上解下宝剑，递到了徐君手上。

徐君抽出宝剑一看，大加赞叹："好剑！真是一把好剑！"

季札从徐君的目光中知道徐君看上了这把宝剑，只是迫于礼节，不便开口向自己索要。

徐君恋恋不舍地把宝剑还给了季札。季札倒也真想把剑送给徐君，但怎奈自己这次要去好几个地方，也需要一把宝剑防身。于是，他朝徐君拱了拱手说："来日，我定将此剑奉送于兄长！"

徐君笑了，说："一把剑算不了什么，只是多了你这么一个朋友，我心足矣！"

季札离开徐国后，又先后跑了几个国家，完成了出使任务，回来的途中，他特意到徐国送剑。不料却得到了徐君去世的噩耗，季札简直不敢相信自己的耳朵，临行前的话别再现在他的眼前。

季札找到了徐君的坟墓，他一下子趴下，失声痛哭起来："徐君，徐君，你听见我的声音了吗？我来看你了，你不是答应我，等我回来再痛饮的吗？你为什么不守信用！"

季札的哭声让许多人为之动容，大家都为季札的真诚所打动。季札哭红了眼睛，也哭得没了一点儿力气，众人想把他扶起来，季札一下子推开了人们，从腰上解下那把宝剑，挂在了墓边的大树上，说："你喜欢的这把宝剑我已经送来了！"

大家不解地问："徐君已经死了，你为什么还把宝剑挂在这儿。"

季札悲哀地说："就挂在这儿吧，当初徐君爱这把剑，我因没完成使命，所以当时没赠给他，但是我始终想着对他的承诺，不能因为朋友已死，就背离原来已经许诺的事情。"

·苏厉游说白起退兵·

东周洛阳有个人名叫苏厉，是战国时代著名的纵横家苏秦的弟弟，是继苏秦之后的又一名杰出的纵横家。

有一天苏厉同周君下棋，下着下着，苏厉突然叹了口气。

周君觉得奇怪，问道："苏先生为何叹气，你还没输呢。"

苏厉摇摇头，说："我不是替自己感叹，是替大王惋惜。"

"哦？"周君听苏厉这么一说倒警惕了，他重新察看起棋局。自己是白子，苏厉是黑子，分明自己的白子居多，而苏厉的黑子却相当分散。他道："苏先生可真会开玩笑，分明是你的子少而我的居多，你在替我惋惜什么？"

苏厉并不言语，而是从旁边的一只盒子中取出一粒黑子，轻轻放在棋盘当中，然后说道："大王，请看，我这步棋子已经将您的退路堵死，虽然一时三刻您的棋子还有口气，可再走下去，您是必死无疑。"

周君依苏厉所说的去察看，果然如此。他由衷地佩服道："苏先生是棋高一着，令人佩服。"

苏厉摇摇头，说："难道大王对这盘棋没有任何感想吗？"

周君谦虚地说："先生，你都把我搞糊涂了。"

苏厉道："纵观天下局势，秦国无疑是一霸。打败韩魏两国，又进攻赵国，这些大事都是秦国大将白起干的，所以打仗既是人为的，又在天意。就像这盘棋，表面上看，大王的棋子分布得又密又多，可惜内在的危机却无可避免。如今白起将领兵攻打大梁，大梁必破无疑，而大梁一旦被攻破，那么东周朝廷就危在旦夕了。"

周君大悟道：“先生高见，依先生之见，我东周是否应该去援救大梁？”

苏厉摆手道：“不用。”

周君为难极了，说：“那该怎样？”

苏厉说：“大王不必犯难，我有办法去说服白起不起兵攻打东周。”

周君大喜过望，他叫人备下了不少银两送给苏厉，还亲自送苏厉出境。

苏厉到了秦国，他并未去任何接待外国使者的驿站，而是隐姓埋名，偷偷地潜入了秦国。

苏厉向秦国人打听不少有关白起的爱好，尤其令他高兴的是，白起竟然也喜爱下棋。于是苏厉便在东海酒楼摆起了棋摊。

本来客栈的老板是不答应苏厉在酒楼摆棋摊的，不过没想到苏厉竟然给了他一锭金子，还说自己是外国的棋王，到现在为止，还没有一个人能赢过他，所以到秦国来看看到底有没有人是他的对手。

自打苏厉摆起棋摊后，东海楼的生意竟是越做越红火。

这天，楼外来了两个骑马的人，带头的那位英俊挺拔，气宇轩昂，他一下马，店老板就迎了上去，恭恭敬敬的，惟恐有什么闪失。

那人不知问了句什么，店老板便指了指楼上，那人将马缰交给身后一人，顾自走了上去。

二楼上有一大群人正围着坐在一块儿看两个人下棋。

其中一个白面书生模样的便是苏厉，只见他气定神闲，潇洒自如，而对方已是一副气急败坏的模样。几经挣扎都无效之后，只得推秆认输，灰心丧气地走开了。

新来的这位大人物突然开口说：“我来同你下一盘，怎么样？”

话音一落，在座的人都站了起来，齐声道：“见过白将军。”

苏厉看了看眼前此人，心里暗想：白起啊白起，我等了你这么多天，你总算是出现了。

他站起来，抱拳说道：“小可苏严，请问先生怎么称呼？”

不等白起回答，旁边的人已替他答了："这就是本国赫赫有名的白起白将军。"

"哦，失敬失敬。"苏厉赶紧回礼。

白起摆摆手说："苏先生不必客气，咱们还是先杀上几盘再说！"

说完两人便坐了下来，这下子苏厉可是棋逢对手了，两人杀得天昏地暗，直到太阳落山也不见分晓。

白起见一时三刻还分不出胜负，索性邀请苏厉进府用过晚餐再下。

苏厉也不推辞，当即随同白起一道进府，他们俩一直下到半夜，总算是以和局收场。

白起由衷赞叹："苏先生可谓是弈界高人，我白某人这么多年来总算是领教到了'天外有天人外人'的道理，要不是苏先生手下留情，白某必输无疑。"

苏厉谦逊地说："哪里哪里。"

白起突然道："苏先生的大名恐怕不叫'苏严'，而叫'苏厉'才对吧？"

苏厉心里一惊，当即又恢复常态，说："白将军果然对小可了如指掌。那小可也不拐弯抹角了，小可此番前来为的就是要将军停止对大梁的征战。"

白起笑笑，说："说说理由。"

苏厉道："我给将军讲个故事。从前楚国有个叫养由基的武士，极擅长射箭，百发百中，一次有个过路人对他说：'你的箭术还过得去，现在可以教你学射了。'养由基说：'人家都说我的箭射得好，可先生你却说可以教我学射了，先生能射一箭我见识见识吗？'过路人道：'百发百中也要懂得适可而止，否则会前功尽弃。'现在阁下战功累累，又将带兵攻打大梁，如果这次进攻不得手，岂不前功尽弃？因此，阁下还是不如称病不出为上策。"

白起怒道："大胆苏厉，你就不怕我用间谍罪名将你杀了？"

苏厉朗声笑道："将军您不会的，您要杀我，早就动手了，还会拖到现在？"

白起挥挥手说："你去吧！"

就这样苏厉离开了秦国，而白起也认为苏厉的话很有道理，最终没有领兵去攻打大梁。

·烛之武游说秦伯·

春秋时，晋侯和秦伯率兵围攻郑国，战事的起因是由于郑伯得罪了晋国，并且倒向楚国。晋军驻扎在函陵，秦军驻扎在汜南，郑国危在旦夕。

郑伯急得团团转。他惊慌失措地问士大夫们："各位大夫，你们倒是想想办法啊？这该如何是好？"

而处在晋秦两国军队兵临城下的郑国士大夫们却实在想不出任何好办法来。

倒是大夫佚之狐还稍有些镇定。他对郑伯说："大王，您先别着急，我们郑国不会这么容易灭亡的。依我之见，我们这些士大夫家中都有一群能人异士在，他们既是我们的门客，在关键时刻就应该是我们的参谋和军师。不如我们大家分头回去试试看，总比一个个在这儿等死好。"

其他的士大夫听了佚之狐的话都觉得十分有理，都到这生死关头了，还是死马当活马医吧！

佚之狐的家里也养了一群门客，这些人当中不乏有怀才不遇者，当他们听说国家正处于生死存亡之际，都认为出人头地的时机到了，便纷纷向佚之狐献计献策。

佚之狐说："各位先生，我知道你们都有一片报效国家之心，如今的形势你们也清楚，惟一的办法就是找出一位能担当大任、独当一面的人士前去同秦国讲和，我们郑国才有救。但谁是最合适的人选，我心里没有底，不知各位可有最佳人选？"

此话一出，下面唏嘘一片，这个任务可是既光荣又危险，谁来担当呢？大家你看我，我看你，一时没了主张。

就在这时，一直沉默不语的烛之武缓缓地站了起来，走到佚之狐面前来，毛遂自荐地对佚之狐说："大人，我去！"

原本喧闹的大厅一下子安静下来，接着又响起一片议论声："这家伙平时不声不响的，来这儿都快三年了，也没见他干过什么事，这次倒急着去抢风头了。""哎，人家这叫……"

烛之武不去理会别人的闲言碎语，他只是用一种坚定的目光望着佚之狐，一声不吭地站在那儿。

佚之狐走了下来，把一只手放到烛之武的肩膀上，对他说："一切全靠你了！"

烛之武那张从没有露出过一丝笑容的脸上闪过一抹欣慰的笑容，他对佚之狐拜了两拜，说："大人，学生一定不负您的厚望，完不成任务，我就不回来见您了！"

当晚，佚之狐便命人将烛之武送出城去。

烛之武乘着夜色悄悄地溜向秦军的兵营，突然从不远处跑来一大群卫兵，把烛之武围了起来，"你这奸细想干什么？"

烛之武不慌不忙地说："我不是什么奸细，我乃郑国派来的使臣，特来求见秦伯。"

士兵们便将烛之武带到了秦伯的营帐里。

秦伯上下打量了一番烛之武说："你深更半夜拜访我，有何贵干？"

烛之武并不正面回答秦伯的话，他环顾周围，轻轻笑了笑，说道："我还以为秦国是礼仪之邦呢，如今一看才知道是骗人的。"

秦伯很生气，喝道："你凭什么这么说？"

烛之武道："怎么，你们是这么对待使者的吗？连个座位都不让。"

秦伯说："你难道不怕我把你斩了？"

烛之武哈哈大笑，他指指秦伯说："你不会的。两国交战，不斩来使。这道理大王恐怕比谁都清楚。"

秦伯赞许地点点头，说："嗯，有胆识，郑伯能有你这样的人也是他的福气，来人，赐座！"

烛之武拱手谢了谢说："秦国能有大王这样的贤能君主，也是百姓的福气。"

秦伯摸了摸胡须笑道："好一张油嘴，你老实说，你拍马屁用意何在？"

烛之武道："我想请大王退兵议和。"

秦伯一听，狂笑不止，他指着烛之武说道："你好大口气，你凭什么要我退兵？"

烛之武不慌不忙地说道："秦国和晋国联合起来攻打郑国，郑国知道自己很快就要灭亡了，如果郑国能于大王有益，那么也不枉大王来打这一仗。只是越过一个邻国去占领远方的土地，大王知道这是相当困难的，何必采取灭亡郑国的办法来增加您邻国的土地，使您的邻国强大呢？您的邻国强大了，就意味着您的国力削弱了。如果您手下留情，饶了郑国，让它作为东道主，在秦人往来路过的时候供应一些急需，提供一些旅途方便，这对大王和秦国并没有什么坏处。再说，这么多年来，大王厚待晋国，晋侯曾向大王许愿，愿把焦、瑕之地送给大王。可是，晋侯明里一套，暗地里却修筑城墙，防备秦国。这些情况大王都很清楚啊！晋国是贪得无厌的，它既向东扩充地盘，侵略郑国，又向西扩充地盘。如果不损害秦国的利益，他上哪儿去扩充土地呢？以损害秦国的利益使晋国强大，大王不觉得他们很狡猾吗？希望大王三思而行啊！"

秦伯听了烛之武的一番话，茅塞顿开，非常高兴，于是便和郑国订了盟约，撤兵走了。

郑国也因此而得救了。

·班超出使西域·

东汉时期，有位名将叫班超，他曾经出使西域，保卫了汉王朝的边境安全。

那时候，西域最强大的是匈奴，其他的西域国家经常受到匈奴人的欺侮，匈奴经常联合那些被他们征服来的小国家，一起攻打汉朝。

汉王朝就派张骞出使西域，把这些小国家争取过来，共同对付匈奴。但日子一久，汉朝跟西域又中断了往来，于是匈奴又趁机控制了西域诸国。公元73年，班超奉命出使西域，准备联合西域各国对抗匈奴，平定西域，解除匈奴对西域各国的统治，确保汉朝的长久安定。

这次，班超只带了三十六个人去西域，他们穿越了茫茫戈壁和沙漠，来到鄯善国。

鄯善王见到汉朝使者非常高兴，特地出城迎接。

他对班超说："非常高兴汉使的到来，鄯国国小土贫，没有什么东西可以招待贵使，望见谅。"

班超作揖感谢道："鄯善王不必太客气，小将只是区区汉使，不敢有劳大驾。"

开始几天，鄯善王待他们确实非常热情，酒菜甚是丰盛，后来却对班超他们冷淡了起来。

班超心知有异，就叫手下打探，果不出所料，是匈奴使者也到了。

班超打算亲自去找鄯善王谈谈，来到王府，才知道除了公主以外，其他人都去拜见匈奴使者了。

班超正想走，不料从府内走出一名穿淡绿色衣裳的婢女，举手向班超招呼道："汉使请留步！"

班超停下脚步，婢女上前行了礼，并说："公主有请！"

班超便随婢女进去了，来到公主房前，婢女笑说："汉使驾临！"便顾自离去了。留下班超待在原地，进也不是，退也不是。正在为难之际，门"吱呀"一声开了，一个胡装打扮的少女出现在班超面前，班超从她的穿着打扮即知是公主无疑了。

汉朝为封建王朝，男女授受不亲，所以一般的王公大臣是不让见公主的，现在班超突然见到鄯善公主，觉得非常尴尬，站在那里一时不知所措。

倒是公主落落大方地把班超请进了屋，笑说："汉使一定很奇怪我为什么要请您进来吧？"

班超老实地点点头。

公主嫣然一笑说："实不相瞒，我请汉使来的目的其实和汉使来我国的目的是一致的……"

班超被公主说破心思，一时倒不好说什么了，公主自顾自说道："汉使不必紧张，我没别的意思，我们鄯善是除匈奴以外西域里最大的国家了，汉使想要平定西域，同我国的关系是个关键。"

说到这儿公主看了班超一眼，又说："可我父王不敢得罪匈奴。但我不一样，虽身为女儿，却有一颗男儿心，对匈奴的种种暴行，我早就看不惯了，我愿助汉使一臂之力，制服匈奴。"

班超对公主的敬佩之情油然而生："公主有什么话尽管吩咐，只要于大汉和鄯善有益，班超就算赴汤蹈火也在所不辞！"

于是公主便将自己的计策讲给了班超，班超点头称是。

这天夜里，班超领着三十六名勇士，顶着狂风摸到匈奴使者住的地方。

班超叫十个人拿着鼓在村外等着，等他的命令一下，就使劲捶鼓，自己带着其他二十六个勇士摸进村去。他们将硫磺粉撒在房舍周围，然后将一些干草又放在房舍门口，等待一切就绪，班超点着了火后，火一下子就蔓延开去。

班超一声令下，村外的十个人就"咚咚咚"地敲起鼓来。

一时间战鼓咚咚，火光四起，匈奴使者从梦中惊醒，还弄不清是怎么回事，火已快烧到床前了，他们纷纷夺路而逃。

班超和他的手下早就守在村口，等着匈奴使者的到来，他们见一个杀一个，见两个杀一双，没多久，四十几个匈奴使者全部被杀个干净。

班超命令手下将匈奴人的头全割下带回到驻地。

第二天早上，班超邀请鄯善王，说是有一件重要的东西要给他看，鄯善王满腹疑云地来了。

班超神秘兮兮地笑笑，叫手下取来几包东西，一一打开……

这一下子可把鄯善王吓得够呛，他指着包里的人头结结巴巴地问班超："这，这，这不是匈奴使……使者吗？你……你……杀了他们？"

班超对鄯善王说："现在匈奴使者是死在贵国的，你猜匈奴王会怎样对待你呢？"

鄯善王一听此言，吓得脸都白了，他求救似的看着班超，班超说："放心，我们汉王会保护你的，只要你听我吩咐就成。"

鄯善王见后退无路，只好应允。

就这样，班超先使鄯善归汉，继而又征服于阗、疏勒等国，从而逐渐控制了整个西域。

·丝绸之路·

　　张骞是我国西汉时期的外交家和探险家，西汉汉中成固人。

　　匈奴是我国古代在北方居住的一支游牧民族。西汉初年，这些凶悍的匈奴人，经常入侵汉朝的边境，烧杀掳掠，给当地老百姓带来了巨大灾难，也给汉朝的封建统治带来了威胁，所以汉武帝当上皇帝不久，就开始着手做反击匈奴的准备。

　　汉武帝想到了长期被匈奴人欺侮的大月氏国。如果能把大月氏国联合起来，给匈奴人来个两面夹击，匈奴人肯定就不敢逞强了。很快，汉武帝向全国下了一道诏书，招募去大月氏国的勇士。

　　经过挑选，一百多名勇士向大月氏国出发了，张骞就是这些人的头领——出使大月氏国的使臣，临行前，汉武帝还把出使的凭证——符节交给了他。

　　张骞和这一百多名勇士出了国境，进入了匈奴人控制的地区。打那一刻起，张骞的一颗心就悬在了空中，他知道，如果被匈奴人抓住，知道了他们的企图，那可是要掉脑袋的。于是，张骞命令大家白天睡觉，晚上行进。

　　这天，天刚刚黑下来，张骞便上路了。月亮升了上来，把整个沙漠照得明晃晃的。突然，走在最前面的人看见远处有朦朦胧胧的风沙扬起，仔细听听，竟有马蹄声。张骞暗叫不好，他知道一定是匈奴人发现了他们。想躲已经来不及了，看样子，只有硬拼了。

　　匈奴人越来越近了，他们手上那一把把钢刀在月光中，发出阴冷的光芒。

　　张骞默默地念着："再近一些，再近一些……"等匈奴人快到了跟前，张骞猛地站了起来，大声喊道："快放箭！"箭像雨点一样射向了匈奴人。那些匈奴人纷纷从马上掉了下来，其他的匈奴人一见眼前情景掉头就跑。

张骞明白这可能是前来打探情况的一支小部队，他不敢追，于是命令大家赶紧上路。

天边露出了鱼肚白。张骞一行人个个都累得气喘吁吁，不想再动了。正在这时，远处传来了阵阵喊杀声，听声音，就知道这一定是匈奴的大部队。一场死战在所难免了。

匈奴人越聚越多，张骞和伙伴们终因寡不敌众，成了俘虏。

张骞被押着来到了匈奴人的首领单于面前。他把头抬得高高的，根本不正眼看单于。单于围着张骞转了几个圈子，猛地伸出手，要把他手中的符节夺走。张骞牢牢地攥着符节，大声呵斥道："就是杀了我，我也不会松手！"

看着眼前这个满脸正义的汉子，单于不由得心生敬意，他说："我晓得你们是要去大月氏国，可你们不知道大月氏国离这儿还有上万里，就是鸟儿，也要飞很长时间，你们凭着两条腿也想走过去，那简直是做梦！"

张骞把头扭到了一边，不再理睬单于。

单于把张骞和他的伙伴分给了匈奴的贵族当了奴隶。冬去春来，一年又一年过去了，张骞的头发开始花白，脸上的皱纹也越来越多。为了感化张骞，奴隶主赐给了他一个女奴做妻子，不久，他们生了一个儿子。看着张骞在西域落土生根，奴隶主放心了，对张骞的看管也松懈了许多。可是，此时的张骞心中只有一个愿望：带着符节完成汉王的使命。

转眼间十多年过去了，张骞找到了逃跑的机会。当他和大家约好逃走的时候，他才发现带来的一百多人，只剩下十几个人，张骞心里一阵酸楚。

历经千辛万苦，张骞和他的伙伴们终于来到了大月氏国。他们受到了大月氏国的盛情接待，但大月氏国国王一听到他们的来历时，便陷入了沉思，他害怕和汉朝联手会遭到匈奴的报复，只是一味地搪塞张骞等人。

张骞只好失望地回去了。在回汉朝的途中，张骞又被匈奴人抓到了，并被关押了起来。一年后的一天夜里，张骞才找到机会逃走，回到了汉朝。汉武帝接见了他，并封他做了校尉，再次出征匈奴。

后来，汉武帝多次出兵攻打匈奴，最后消灭了匈奴的主力，北方边境平安了。汉武帝又想同西域各国进行友好通商，于是再次找到了张骞，让他出使西域各国。

公元前119年，张骞带着浩浩荡荡的队伍第二次出使西域。他们第一个到达的国家是乌孙。乌孙国王看到了张骞，十分高兴，还派人带着礼物随张骞回长安答谢。张骞把副使们分别派往大宛、大月氏、康居等国，自己带着乌孙使者回到了长安。

由于张骞这次功劳显著，汉武帝封他为主管外交事务的官，可惜的是张骞由于多年劳苦，第二年就去世了。

张骞虽然离开了人世，但他为汉朝和西域各国的通好作出了重大贡献。人们把张骞开辟的沟通汉朝和西域的通路叫做"丝绸之路"。几千年过去了，人们只要一提到丝绸之路，就会想到张骞，就会深深地缅怀这位历史伟人。

·西行求法·

　　法显是东晋时期的僧人，他是我国历史上第一个到印度（古代称为天竺）取经的人，他为增进我国同亚洲各国的了解作出了杰出的贡献。

　　佛教是亚洲人最为信奉的。佛教流传到中国时，正是中国的东汉时期，随着佛教在中国的落土生根，经过三百多年的传播和发展，到了东晋时期，已经在全国非常盛行了。

　　由于全国还没有统一，各个小国为了和东晋争夺地盘，不断地发生战争，老百姓处于水深火热之中。为了得到庇护，很多人相信佛教，相信佛祖会让他们过上平安的日子，而法显就是生活在这个年代，他三岁时就被家人送进了寺院。

　　随着年龄的增长，法显从佛教的教义中尝到了乐趣。可当时，虽然信教的人多，但真正弄懂佛经的人却很少。再加上印刷术还没发明，流传的佛教便显得错误非常多，法显为此陷入了深深的苦恼中。等到法显六十多岁时，对佛教知识的渴求使他再也按捺不住了。

　　这天，法显刚念完经，他的好朋友慧景找到了他。法显告诉了慧景自己的想法，他想去佛教的发源地——印度，寻求真经。

　　慧景吓了一跳，说："你都六十多岁了，到印度那么远，怎么能吃得消呢！"

　　法显双手合十，喃喃自语道："只要我心中有佛，有什么事能难倒我呢？"

　　慧景不禁对法显产生了深深的敬意，他决定和法显一同去印度。公元399年，法显、慧景和另外三个和尚，结伴离开长安，前往印度。

　　前往印度的道路上充满了坎坷。法显选择了丝绸之路。随着时间的推移，前方的路越来越难走，人烟也越加稀少，当他们来到塔克拉玛干沙漠，放眼望去，四处都是沙丘，一阵大风吹过，那滚滚黄沙，像海浪一样向他们袭来。法显举起了衣袖，遮住了脸。其他的和尚也学着法显的样子，遮住了脸，步履艰难地跋涉着。

又是一天过去了。法显一行人找了个地方休息。法显静静地坐在沙丘中间，双手捻动佛珠，他不知道明天会是什么样，自己是否能够穿越茫茫沙海，但是他相信，诚心会感化上天，他们一定会到达印度。

功夫不负有心人，他们历经千难万险，翻过终年积雪、人迹罕至的葱岭，终于来到了印度北部。他们在印度北部的一座寺院里稍稍休息了数日，便又动身了，必须要到印度的中部去，那里才是释迦牟尼讲经的场所，是世界闻名的佛教圣地。

虽说已经到了印度，可要到达中部还要翻过一座雪山。这时，同行的只剩下法显、慧景和道整三人。雪山上皑皑白雪，山峰直插云霄。法显和慧景对视了片刻，便开始向山上进发。

越到山顶，温度越低。法显感到身上的衣服根本抵御不了风寒。法显回过头，对慧景说："我们一定能翻过去！"这时，法显才发现慧景脸色煞白，浑身直抖，站都站不稳了。

法显上前一把扶住了慧景："你怎么啦？"

慧景慢慢地倒在地上，他握着法显的手，说："你们快些走吧！别管我啦，一定要取到真经！"

慧景再也没有站起来，泪水涌上了法显的眼眶。法显哽咽着放下慧景，他和道整找来木棍，在地上挖了个坑，把慧景埋好后，法显擦拭去眼中的泪水，继续向上艰难地攀登着。他心中的信念更加坚定了：必须成功！

法显最后到了印度中部，他在印度等国一待就是十几年，游历了三十多个国家。公元412年，法显回到了长安，他不顾年迈体衰，开始了翻译经书的工作，同时还把西行路上的见闻写了下来，这就是我国古代典籍中的《佛国记》。

·西游记·

《西游记》是我国家喻户晓的古典神话小说，大家都知道里面有个唐僧。而唐僧真有其人，他就是唐朝的玄奘和尚，他原名陈祎，河南偃师人。

陈祎八九岁的时候，父亲就教他诵读佛经，他从小就对佛经产生了浓厚的兴趣，并于十三岁时到洛阳净土寺当了一名小和尚，法名叫玄奘。

玄奘潜心钻研佛教，在快三十岁的时候，他成了当时的高僧。可对于所取得的成就，玄奘并不满足，他决定到印度(古代叫天竺)去求经。可是唐朝的法律非常严格，不管谁要离开国家，必须要经过朝廷的同意。玄奘向朝廷递交了申请，却被官吏给扣下来了。

玄奘一见无望，就于公元629年踏上了去印度的征途。

西行之路，并不是一帆风顺，而是充满了险恶，沿途给他做伴的只有那匹瘦弱的老马。在历经千辛万苦之后，他来到了伊吾，伊吾就是现在的新疆哈密市。

玄奘在伊吾的一座寺庙里住了十几天。这天，正当他要起程的时候，突然有人找他。

玄奘感到有些奇怪，出门看看，这几个人他都不认识。这几个人一见玄奘，慌忙下马，给玄奘行礼。原来，伊吾附近有个高昌国，高昌王也是个佛教信徒，他听说大唐高僧到此地时，异常兴奋，便让人来请。

玄奘对高昌王的盛情实在不好推却，只好来到了高昌国。

在高昌国，玄奘受到最高规模的接待。高昌王在皇宫里设宴款待，并虔诚地和玄奘讨论起佛法来。

高昌王越听兴趣越浓，他简直把玄奘当成了神人，佩服得五体投地。于是，他想把玄奘留下来，在国内说法。

玄奘一听高昌王这么说，慌忙起身，朝高昌王双手合十说："大王，我乃一出家人，蒙大王厚爱，但贫僧的确不能留下来，此次我西行的目的，是到佛国——天竺取得真经，切不可半途而废！"

一见玄奘如此，高昌王脸色变了，他起身说道："在高昌国，没人敢违背我的话。我不会让你离开的！"说完，高昌王拂袖离去。

玄奘被高昌王软禁起来了。时间一天天过去了，高昌王看说服不了玄奘，为了显示自己的诚心，他每天把饭菜都亲自送到玄奘的面前。

高昌王所做的一切，让玄奘心里非常感动，他长长地叹了口气，对高昌王说："大王，您的深情厚意，我会永远记在心里，您把我强行留下来，但我的心早已飞到了天竺！"

说完这一通话，玄奘便再也不出声了。高昌王一点儿办法也没有，他只好离开玄奘的房间。

打那以后，玄奘便以绝食来反抗。玄奘第一餐饭没有吃，便有人来向高昌王报告，高昌王深思片刻后，说："随他去，我倒要看看他能撑几天！"

又是两天过去了，玄奘滴水未进。高昌王有些着急了，他亲自捧着饭，递到玄奘的面前，垂头丧气地说："高僧，你不吃饭可不行，难道你一点儿也不流连我这儿吗？"

玄奘把头扭到了一边，"我意已定，请别再逼我！"

高昌王气得把饭碗朝地上一摔，呵斥道："我倒要瞧瞧，你玄奘能撑多久！"

玄奘又是连着三天滴水未进，并且晕倒在了座位上。

高昌王这才真的明白，他是根本无法让玄奘回头的。他对大臣说："快去找医生！"说完后，高昌王把玄奘轻轻托起来，低声说："高僧，我知道再也留不住你了，我依你就是！"

　　玄奘在昏迷中隐约听到了高昌王的话，他睁开眼，嗫嚅道："谢谢大王！"

　　一个月后，玄奘恢复了健康，向高昌王告别。高昌王含泪握住玄奘的手："高僧，你这一走，不知几时才能相见。"玄奘听完此番话语后，也落下了泪水。

　　玄奘凭着坚强的毅力从印度取得了真经，他从印度带回了657部佛经，共译出了75部佛经，1335卷。他把中国的一些哲学著作译成印度文，把中国的文化介绍给印度人民。同时，他还写了一本《大唐西域记》，把他多年旅行中所到过的地方和听过的130多个国家的地理位置、风土人情、宗教信仰都记录了下来。

　　唐太宗专门为玄奘建立了一座砖塔，这就是今天的大雁塔。公元664年，玄奘与世长辞。送葬的那天，有100多万人来参加葬礼。

·聪明的使者·

禄东赞出生于西藏，是藏族以聪明机智著称的外交使臣。

中国的汉族和藏族之中流传着一段千古佳话：唐朝的文成公主于公元641年嫁给藏王松赞干布。

文成公主出嫁前，藏王派遣禄东赞担任求婚者。禄东赞万里迢迢来到了长安。对于藏族人民，到底有多少了解，满朝文武都说不上什么，于是有人出了个主意，要考考禄东赞。

禄东赞听说要考考自己，心里不由紧张起来。他不是怕考，而是担心万一自己答不出题目的话，岂不是给藏王丢脸，如果拒绝考试，那别人又会说藏王派来的人太无能。思前想后，禄东赞决定试试。

唐朝皇帝听说后，心里挺高兴的，他找来禄东赞，笑着说："文成公主就要嫁过去了，这本身是件喜事，今天找你来是做点儿小游戏，大家来点儿气氛！"

听到这话，禄东赞放心了许多。

朝廷中有人站了出来，把禄东赞领到马群中，让他辨认出各匹小马是哪匹母马生的。

禄东赞放眼望去，好家伙，大大小小竟有五百多匹马，而且颜色都差不多。禄东赞瞅瞅周围的人，大家都笑眯眯地看着他，还有人竟说："别看是藏族人，会放马，可这个问题，他肯定猜不出来，不信我敢跟大家打赌！"

禄东赞一肚子气，但他告诉自己别让别人把注意力吸引走了。禄东赞托着下巴，开始沉思起来，过了一会儿，禄东赞笑了，他告诉唐朝皇帝，自己有办法了。

大家都感到很吃惊。禄东赞说:"皇上,请您让人准备一些马料,让每匹母马都吃饱!"

没人知道禄东赞葫芦里卖的什么药。过了一会儿,马料全都送来了,那些母马弯下脖子开始吃起来,等它们吃饱后,就昂首嘶叫,招呼自己的小马去吃奶。小马驹是不会认错"妈妈"的,都各自向母马身边跑去,于是,禄东赞很快就把母与子分清了。

皇帝看到这一切,竖起了大拇指。

紧接着,又有人出了第二个题目,他们扛来几根两头一样粗的木头,让禄东赞辨认哪一头是根、哪一头是梢。

禄东赞背着手,围着木头转了几圈,他朝皇帝拱了拱手说:"皇上,我想把这些木头放在河里看看!"

见禄东赞提出了这么个古怪的要求,皇帝同意了,他倒想瞧瞧禄东赞玩什么花招。

几根大木头被扔进了宫门外的御河中。

禄东赞蹲下来,仔细地看着。御河的水流得很慢,大木头缓缓地漂浮在水面上。禄东赞明白了,他马上指出哪头是根、哪头是梢。

皇帝奇怪地问:"你凭什么判断的呢?"

"道理很简单,每棵树都是树根重,树梢轻,皇上只要看看,哪一部分浮在水里深一些,就自然知道答案了!"

禄东赞用自己丰富的生活常识和智慧,赢得了汉族朋友的尊重和称赞。他的事迹,在历史上有记载,在民间更有许多美好的传说。

·鉴真东渡·

　　鉴真是江苏扬州人，原姓淳于，生于公元688年，圆寂于763年，是唐朝有名的高僧。

　　唐朝的时候，日本经常有很多人来中国访问、学习，中国的历史经济文化对日本产生了非常大的影响。这一年，从日本来了两个和尚，荣叡和普照，他们此次前来的目的，除了学习佛法外，就是想邀请高僧到日本去讲授佛法。

　　他们早就听说了大唐的高僧鉴真，便想请他去日本，可当他们一看到鉴真便傻了眼。此时的鉴真已经六十多岁了，荣叡张着嘴不知再讲什么好了。

　　鉴真看见他们的表情觉得很奇怪，就仔细询问起来。荣叡这才不好意思地提起到日本讲经这件事。鉴真被他们的真情所打动，答应东渡日本。

　　荣叡和普照一见鉴真答应，忙兴奋地向鉴真行大礼。

　　鉴真和他的日本弟子开始了东渡日本之行，他们先后四次出海航行，因为种种原因都失败了。第三年，他们又要开始第五次航行了。

　　起船的那天，万里无云，西南风轻轻拂过海面。鉴真站在船头，不禁感叹道："这真是一个好天气！"

　　船儿顺水又顺风，他们的心情也非常好，但是好景不长。这天快到傍晚的时候，海上起了大风，掀起层层巨浪，海浪像一条条巨大的舌头拼命舔噬着小船，船上的人感觉好像是在半空中，一会儿被抛下，一会儿又被扬起。很多人受不了这么大的风浪，晕倒在船上了。

　　几天过去后，令人害怕的风浪才停。可更加令人害怕的事出现了，船上的淡水一点儿也没有了，大家口渴得都受不了，连咽口唾沫也觉得嗓子很痛。荣叡担心鉴真的身体状况，他毕竟是一个六十多岁的老人了。

鉴真艰难地笑笑说："别担心，我还能撑下去！"

船儿继续向东航行。到了第十四天时，船上的水手看见在遥远的地平线上有一个小岛。真是到了日本吗？大家相信肯定是的，于是船上的人都欢呼雀跃起来，那些水手划起桨来也更有劲儿了。

离小岛越来越近了，鉴真被人搀扶着站在船头，极目远眺。他发现小岛上全是绿色，不禁心里起了疑问。他们出行的时候是冬天，而越朝北应该越冷，怎么会出现那些浓郁的绿色呢？

果真和鉴真想的一样，他们所到达的地方不是日本，而是海南岛的最南端。

船儿在岛上靠了岸，日本和尚普照跳下船，一下子扑倒在沙滩上，张开双臂大声呼喊起来："老天呀，你为什么如此不公啊！"

鉴真一行在岛上暂住了下来，他们第五次东渡日本再次失败。

许多人由于海上的恶劣天气，身体变得极度虚弱，而六十多岁的鉴真就像死过一次一样。正在这时，外面突然传来哭泣声。鉴真忙从帐篷里走了出去。

原来是荣叡再也支撑不住，倒下了。

鉴真一把抱住荣叡的尸体，再也控制不住自己的感情，放声大哭起来。那哭声让每个人都感到心酸，连岛上的鸟儿也被惊飞了。

过了许久，大家才去拉开鉴真。带着极大的痛苦，鉴真回到了帐篷里，他什么也吃不下，一想到荣叡，两个眼睛就通红通红的。时间一长，鉴真由于过度悲伤，眼睛瞎了。

一次次失败，一次次打击，更坚定了鉴真的信心，他在心中立下了誓言：必须要成功。

鉴真回到扬州的寺院后，他的事情传开了。大家对鉴真产生了深深的敬意。

公元753年，日本政府派到中国的使团听说了这件事，对鉴真极为敬佩，便邀请鉴真同他们一起去日本。经过一个多月的航行，鉴真终于到了日本，在日本他受到盛大欢迎。日本天皇尊奉鉴真为"传灯大法师"，这是日本历史上第一次对一位外国僧侣给予如此的尊崇。

鉴真在日本期间，除了传播佛学，他还传授了中国的医学、建筑、雕塑等多种技艺，为中日文化的交流作出了重大贡献。后来，鉴真在日本逝世，日本人民为了纪念他，为他塑了一尊像，一直保存至今，并被奉为国宝。

·周达观出使真腊·

元朝时，我国曾经有位叫周达观的外交官，是浙江永嘉人。他曾奉命出使真腊（现在的柬埔寨），并且同那里的人们结下了深厚的友谊。

我国在很早以前和柬埔寨就有友好往来。元朝建立后，两国的交往更密切了。

1295年，周达观跟随访问真腊的使团到了当地。吴哥的美丽风光吸引着周达观，他兴奋得睡不着觉，思前想后，最后决定留在真腊国，一定要把真腊国的风景看个够。

周达观以吴哥为中心，开始了真腊国的旅游。

这天，周达观来到吴哥附近的一个村子。他看见村里并没什么人，估计都到田间去干活了，于是也来到了田头。正是农忙季节，周达观一见大家忙得不亦乐乎，干脆也卷起衣袖下了田。

真腊人一见有个中国人也来帮他们干活，便觉得很亲切。大家边干边聊，时间不知不觉到了中午。

干了一上午的活，真腊人就邀请周达观和他们一道吃饭。主人领着周达观进了家，周达观看到什么都觉得新鲜。突然，他瞅见墙上挂着一顶草帽，很明显这是中国产的，他感到很亲切，把草帽从墙上摘下来，戴在自己头上。

主人看着周达观的样子笑着说："你们中国产的很多东西在我们这儿都能看见，我们对你们的东西都非常喜欢。您看，我家用的盆盆罐罐都是你们国家产的。"

双方正说着话，女主人开始上菜了。第一碗上来的是汤，主人请周达观先尝尝。

周达观拿起勺子舀了一口，抿着嘴细细品了起来，还真香！

主人看着周达观的表情笑了。

喝完汤后，周达观向主人询问汤是什么做的。主人指着屋外的树说："这棵树是成平树，我们就用它的叶子做汤。"

周达观点点头，说："等我回去的时候一定要带些种子回去，让我们那儿的人以后也能喝到这种汤！"

下午，村里人听说来了个中国人，有很多人都来看望周达观，并请周达观去做客。

大家在一起聊得十分愉快。

一个年轻人听说中国人来了，就从家里端来一盘紫红色的果子，请周达观品尝。

周达观没见过这种果子，抓起一个就咬。那小伙子忙一把拦下，说："别急，别急，这果子不能这么吃。您要是一口吃下去的话，会把您的牙酸掉的！"

听小伙子这么一说，周达观还是不太相信，果子从外表看，都已经熟透了，怎么可能像他讲的那么酸呢。当尝了一口后，周达观才相信小伙子没骗自己，果子把自己酸得挤鼻子皱眉毛的。

众人瞅着周达观滑稽的样子，都哄堂大笑。

"不好吃！这果子一点儿都不好吃！"周达观连声说，"我们那儿有一种水果叫荔枝，又香又甜，保管你们尝了后，都不想吃其他的水果了！"

于是，小伙子诚恳地说："那您就教我们也种些荔枝吧！"

不久，周达观托商人从福建带来了许多荔枝树的种子。十几年后，那村庄附近的山上长满了荔枝树，当地人就把这座山叫做中国荔枝山。

一年多后，周达观要回国了，他对当地人的那一片真情让每个人都舍不得他走，大家依依不舍地向他告别。

周达观回国后，真腊人请石匠在吴哥石窟里雕下了他的人像，而周达观也把他在真腊的见闻写成了一本书，取名为《真腊风土记》，成了人们了解古代柬埔寨的重要文献。

·郑和下西洋·

郑和是云南晋宁人，他生于公元1371年，1435年离开了人世，是明朝初年最伟大的外交家及航海家。

明成祖即位不久，就想扩大明朝的影响，也为了和更多的国家发展友好关系以及通商，他决定派使臣率领一支船队出使西洋。明成祖选来选去，挑中了郑和，同时还派一个叫王景弘的太监做郑和的副使。为了显示明朝的实力，明成祖竟派了27000多人守卫船队。

1405年7月11日，是郑和下西洋的起程日。这天，苏州府刘家港挤满了看热闹的人。港湾里排列着大大小小208艘船。那艘最大的船更是引人注目，它竟有150米长，60米宽，船上挂着各式各样的彩旗，彩旗在风中摇摆，似乎在为正要出海的船只鼓劲。

郑和站在船头，威风凛凛，他庄重地挥动了一下手臂，大声下令："起航！"

人类航海史上最具有重大历史意义的航程开始了。

郑和先到了古里，在和古里的国王进行了交往后，郑和的船只继续向前航行。这天，他的船只在旧港(现在的印度尼西亚)靠岸了。船刚停稳，一个老汉便向船上的人直挥手。

郑和定睛一看，是个中国人，便把老者请上了船。

这是一个姓施的中国老汉，他显得急冲冲的样子。郑和握着他的手，说："老伯，别急，有什么事，慢慢说！"

原来，当地有个叫陈祖义的恶霸，他是广东潮州人，聚集了一伙无赖当起了海盗，当地人提到陈祖义，没一个不害怕的。

老人紧紧攥着郑和的手说："大人，快回去吧！我听说，这回陈祖义找来许多帮手，目的就是想抢劫大人的船只！"

郑和哈哈大笑，"大伯，别担心，不过是几个小毛贼，这次我会给他们一点儿颜色看看！"

老人走后，郑和吩咐士兵，做好一切应战准备。然后，他又让人找到了陈祖义。

"听说你陈祖义在这一带非常有名，人人都怕你！"

陈祖义露出一脸蛮横的神情，眼睛向上瞟瞟，"这儿是我陈祖义的地盘，我踩一下脚，大地也会抖三抖！"

郑和听了这话，有些生气，他一拍桌子喝道："陈祖义，今天我给你提个醒，只要你从现在改邪归正，我回国后，会请求皇上为你免罪，但如果你再为非作歹，就……"

陈祖义听了这话，故意摆出一副听从教诲的样子，一个劲儿地点头。

几天后，一个伸手不见五指的深夜，陈祖义伙同他的手下，乘着小船向郑和的船只悄悄摸近了。

郑和的船上没有一点灯火，好像每个人都睡去了。陈祖义心中暗暗得意，他嘴角划过一丝狰狞的微笑，说："郑和，我今天会让你死无葬身之地！"

陈祖义一伙离郑和的船只越来越近了，眼看就要靠近的时候，只听见一声炮响，大船上亮起一片火把，把整个海面照得如同白昼一样。陈祖义大叫不好，但他想逃已经逃不了了。

郑和手持宝剑，立在船头，对陈祖义大声斥责道："陈祖义，我已经放了你一条生路，你竟不知改悔，我让你尝尝枪炮的厉害！"

一时间，郑和的大船上枪炮齐鸣，火炮、火箭雨点般地射过来。船上的海盗吓得魂飞魄散，有的中箭落海被淹死，有的被火炮击中丧了命，还有的船只竟撞在了一块。

一个多钟头后，海盗全部被歼。陈祖义也成了郑和的俘虏，郑和把他押在了船舱里，准备带回国内处死。

郑和为海上往来的客商和当地老百姓除了大害，从此，中国同旧港一直保持着友好往来。

　　这件事只是郑和下西洋中遇到的一件事，郑和从1405年到1433年，先后七次率领庞大的船队出使中国南海以及印度洋在内的海域和非洲东部沿海各地，到过三十多个国家和地区，最远到达了非洲东岸，为中国的航海外交史写下了令人自豪的一笔。

·陈诚出使哈烈国·

陈诚是明朝的旅行家和外交家，江西人。

明朝时，亚洲中部蒙古人建立了帖木儿帝国，帖木儿帝国本来和明朝关系不错，可后来双方发生了纠纷，帖木儿帝国的国王帖木儿一气之下，决定带兵攻打明朝。

帖木儿带着大军浩浩荡荡地向明朝的都城进发了，可谁料走到半路上，帖木儿得了重病，这一病倒就再也没有起来。帖木儿的儿子得知消息后，便开始闹分裂，最后，帖木儿的四儿子沙哈鲁取得了政权，并在现在的阿富汗境内建立了哈烈国。

关于哈烈国的事很快传到了明成祖的耳朵里，明成祖经过打探，得知沙哈鲁并不愿和明朝闹别扭，想同他们重新和好。明成祖非常高兴，于是找来了陈诚，希望他能够出使哈烈国。明成祖说："我相信我不会看错你的，你以前出使过越南，有很多外交经验，这次也一定会成功。"

陈诚听了明成祖的一番话后，欣然领命。

1414年，陈诚和另外两名官员带队出发了。这一路上他们翻山越岭，异常辛苦。有时走了几天，除了豺狼虎豹，连个人影也见不到。

就这样，陈诚一行风餐露宿来到了一座大山下。突然天气大变，一阵狂风从大家的头顶上掠过，接着风势越来越大，刮得人都要站不稳了。大风卷起地上的沙土，向陈诚他们砸去，陈诚的坐骑惊叫着把前蹄抬得老高，一下子就把陈诚扔在地上。

陈诚手下的官兵立刻慌乱起来，他们纷纷冲上前，扶起陈诚。陈诚艰难地站了起来，连连摆手，大声说："我没事，快带大家找个避风的地方！"

可是根本辨不清方向，陈诚发现队伍迷路了，这可怎么办？难道老天爷让他们就这样在荒漠中结束使命和生命吗？陈诚把手压在眼睛上，四下观望起来，发现眼前惟一的办法就是趴下来，于是他带头趴在沙子中。大家也学着陈诚的样子，一起趴在沙子中。也不知过了多长时间，风声才小了下来。陈诚估计差不多了，他起身一看，随身携带的行李被吹得到处都是，而自己的嘴里、眼窝里也全是沙子。陈诚暗叫不好，明成祖让他带给沙哈鲁国王的信千万别遗失，他摸摸怀里，怀里竟什么也没有，这时，他才记起，那封信放在刚才扔他下来的坐骑身上。

陈诚忙吩咐官兵，快去把那匹马找来，但由于刚才那阵大风，马早都跑得无影无踪了。

听了这个消息后，陈诚开始垂头丧气起来。那可是皇帝写的信啊，万一沙哈鲁国王没见到信，不承认他们怎么办？这可是关系到两国外交的大事。陈诚越想越灰心，但回去让皇帝再写一封，也是不可能的事，现在惟一能做的就是再往前走，等到了哈烈国再见机行事吧！

队伍继续向前行进。

又前进了约五十米，陈诚看见放着皇帝书信的那匹马竟被压在沙石下面。陈诚兴奋地挥着手，跌跌撞撞地朝马跑去。那匹马早没了气息，陈诚用尽身上最大的力气，把马翻过来，取出压在马身下的行李，打开一看，真是太幸运了，那封信竟然还在。陈诚长出了一口气，把信放在自己的怀里藏好，这才放心。

八个月后，陈诚他们到了哈烈国。沙哈鲁国王亲自接见了他们，国王赞赏陈诚战胜一切艰险的毅力，同陈诚聊了很久。

临行的时候，哈烈国国王给明成祖写了封回信，还把一匹白马送给了陈诚，让他转送给明成祖。

陈诚回到京城的两年后，明成祖再次派他出使哈烈国，并特意叫画匠画下了那匹大白马，以示自己非常喜欢。

　　陈诚到了哈烈国后，再次受到欢迎。他为自己能为两国的友好做一些事情感到十分高兴。见过沙哈鲁国王后，陈诚又游历了十几个国家，加强了中国和中亚各国的友谊。回国以后，陈诚写了《西域行程记》和《西域番国志》两本书，详细地描绘了西域途中的情况和中亚各国的地理、人情，为中原人民了解西域各族提供了翔实的资料。

·漫长的旅程·

图理琛，满洲正黄旗人，生于1667年，卒于1740年。生前他是清王朝对俄外交的重要人物。

图理琛一生真可以说是经历了风风雨雨。少年时，他就十分好学，除了会说满族语和汉语外，他还掌握了蒙古语和俄语。在他三十六岁时，当上了朝廷管理牛羊的总监，可是由于丢失了一群牛羊而被罢了官。

这一年，清王朝要招聘一个人去土尔扈特，慰问那里的同胞。土尔扈特是我国蒙古族的一个部落，后来由于受到别的少数民族欺侮，只好向西边迁移，最后在俄国伏尔加河一带定居了。虽说离开了祖国的土地，土尔扈特却放不下家乡，他们派来使者，拜见了康熙帝，说不管怎么样，永远是中国人。这事弄得康熙帝十分感动，便决定派个人去慰问一下土尔扈特人。

图理琛知道消息后，马上写了份奏章，说自己愿意担当此任。康熙帝批准了他的请求。

1712年，图理琛带领三十多人的使团出发了。

两个多月后，使团到了俄国境内的楚库柏兴城。当地的官员似乎早都知道图理琛要来，他们为图理琛的使团做了精心的安排，可就是当地的主要官员迟迟不露面。几天后，图理琛再也待不住了，他找到了当地政府的所在地，守门的一见图理琛，根本不让他进去。

图理琛搬来张凳子，往门口一坐，对守门的士兵说："如果没人来见我，我会在这儿待上一辈子！"

如此一来，守卫只好进去报告。片刻工夫，一个长着大胡子、身着军装的军官出来了。他上前一把扶住图理琛，连声说："都怪我，不知贵客来了。来人呀，快去安排酒菜！"

原来，俄国担心清王朝的使团到达土尔扈特后，对自己不利，但清朝派人看望自己的臣民又合情合理，一时间，这个问题让俄国人犯了难，吃不准到底该不该放中国人到俄国来。楚库柏兴城的官员没有得到俄国政府的批准，就不敢放使团通行，他们惟一可做的就是拖住图理琛。

军官向图理琛解释了不见他的原因，图理琛只好无奈地点点头。

第二年正月，俄国政府的批文下来了，说是同意放使团过去。这一拖，可让图理琛苦苦等了五个多月。

1714年的春天，大地苏醒，江河解冻。图理琛历经千辛万苦眼看就要到土尔扈特人的居住地。天刚亮，图理琛一行又早早起程了，因为快要到了，每个人都觉得脚下的步伐轻了许多。转过一道弯，图理琛看见一群马挡住了去路，他便快步朝前走去，想瞧瞧是怎么回事。

土尔扈特的首领阿玉奇汗听到朝廷派使团来看他们的消息后，就天天派人出去打探消息。昨天他得到消息，说使团明天会到，于是，他一大早派大臣前来迎接，并且要送给使团成员每个人两匹马。

图理琛知道情况后，冲着大臣连连摆手："不行，不行，我们是不收礼的，更何况都是一家人，何必如此！"

见图理琛百般推辞，大臣只好作罢。

离土尔扈特族人的居住地近了，图理琛老远就听见欢迎的音乐声。他明白，是一种思念家乡的亲情把他们和祖国联系在了一起。图理琛拿出康熙皇帝的诏书，在一片鼓乐和欢呼声中，来到了阿玉奇汗的大帐。

阿玉奇汗早就在大帐外等候了，他看见图理琛手中的诏书，立刻双膝跪地，接过了诏书。

双方行过礼节，开始了融洽的会谈。图理琛向阿玉奇汗介绍了祖国的变化，阿玉奇汗听得入神，兴奋地说："我有机会一定要回去看看，看看祖国的巨大变化。"

　　图理琛在土尔扈特人的居住地住了十几天，准备回去了。临行前，阿玉奇汗紧紧握住图理琛的手，双眼微红，哽咽着说："烦大人回去禀告皇上，说是臣民想念他！"

　　一席话，说得图理琛心里酸酸的。

　　半年后，图理琛回到了北京，他详细地向康熙帝汇报了情况。康熙帝饶有兴趣地听完后，对图理琛大加赞许。

　　图理琛回到家中后，用满、汉两种文字写下了沿途各地风土人情和地理环境。这本名为《异域录》的书在当时引起了轰动，并被当做研究俄国历史、地理的重要文献。

　　后来，图理琛六十多岁的时候，因遭人陷害，被发配到遥远的西北去做苦工。当澄清事实后，他已经快七十岁了，图理琛再也无心关心政治了，在告老还乡之后，七十三岁时便离开了人世。

·为了主权·

提起《中俄尼布楚条约》，便不能不谈到满族人索额图。

清朝康熙皇帝曾经和侵犯中国领土的俄国人打了一场仗，结果清军大获全胜，俄国沙皇只好同清朝进行谈判，谈判的内容便是关于中国领土的问题，双方如何划定边界。

那时，尼布楚、雅克萨、黑龙江上下，还有通过黑龙江的每一条河流，都是中国的领土，却被沙俄占领了。

皇帝找来了索额图，让他去和沙俄谈判，一定要让沙俄交还他们所侵占的一切土地。

索额图深知肩头的重担。1689年，索额图带着随从、翻译和护卫的官兵共7000人出发了。

8月22日，中俄双方在尼布楚开始了第一次谈判，这次谈判沙皇的首席代表是果洛文。双方坐下后，果洛文便来了个先发制人："你们大清国太不讲道理了，竟敢侵占我们俄国的领土，今天你们一定要讲个明白，并且要赔偿我们所有的损失！"

索额图知道果洛文会来这一手，在临行之前，索额图便对果洛文进行了多方面的了解。他相信自己这次肯定成功。索额图从桌上拿起几本书，扔在果洛文面前："你仔细看看，不管在哪个朝代，这块领土都是中国的。你们贸然入侵我国领土，现在倒好，反咬一口，我不知道这是哪里的道理！"

果洛文知道遇到了一个厉害角色。他沉默了一会儿，猛地一拍桌子站了起来："我不跟你讲那么多废话，我现在要求两国必须要把黑龙江作为边界！"

索额图冷笑了两声："如果贵国要求这样做，那我们能要求你们把伏尔加河一带的土地给我们吗！"

"不可能！"

"那我也告诉你，贵国既然不愿把你们的土地让给我们，我们也不会出让自己的国土！"

谈判在紧张的气氛中进入了僵局，最后双方都不欢而散。

夜晚，索额图回到了自己的帐篷，静心思考下一步该怎么做。突然外面响起了枪声，索额图便出了帐篷，想看个究竟。这时有人来报，说是有几百名俄国枪手在不远处开枪演习。索额图知道这是俄国人玩弄的恐吓手段，根本不需要理睬。

俄国人见索额图的帐篷里没有反应，只好作罢。

索额图对于俄国人所做的这一切都觉得好笑，他明白果洛文一定是心虚，才出此手段，看样子，只要坚持住，必定会胜。

快到深夜十点钟的时候，门帘一响，进来两个人。索额图定睛一看，是翻译官张诚和徐日升。

张诚和徐日升显得很紧张，他们来不及坐下，就立即对索额图说："大人，我们刚才得到消息，俄国的士兵会把手雷带到谈判的地方，而且，谈判的地方也在俄国大炮的射程之内！"

"慌张什么！"索额图扫视了两人几眼，"我量俄国人不敢这么做，如果他们真敢如此，我们大清国也不是好惹的！"

果洛文对索额图的强硬态度一点儿办法都没有。几天后，他派来了一名使者，要求结束谈判，以此要挟索额图，索额图对此依旧不理睬。

其实，索额图早已暗地里做好了准备，随他同来的几千士兵在他的命令下已经把尼布楚城围了个水泄不通。

很快，尼布楚城的供应发生了困难，这可让果洛文急成了热锅上的蚂蚁，最后，他实在没有办法，只好主动找上门来和索额图签订条约。

又经过近一个月的争论和交涉，中俄双方最终达成了协议。根据这个协议，中俄两国边界以额尔古纳河和格尔必齐河为东部边界，再沿着外兴安岭向东直到大海边。

由于条约是在尼布楚城签订的，历史上就称作《中俄尼布楚条约》。索额图为了维护祖国领土的完整，作出了重大贡献。

·救命的外交官·

佛教教义中讲：救人一命，胜造七级浮屠。读了下面的故事，请问，何凤山造了几级浮屠？

2000年10月23日，以色列政府正式向何凤山授予"义人奖"。这是以色列政府向非犹太人授予的最高奖项。

何凤山是中国人，现在已经过世了。他小的时候家里很穷，没钱读书，他母亲就让他进了教会学校，后来因何凤山成绩优秀，便到国外深造。1935年，因为他懂英国、德国两国语言，又有高学历，因而当上了国民党时期的外交官。后来在奥地利担任总领事一职，这年，他37岁。

1938年，当时世界形势一片黑暗，处于战争狂人希特勒的统治之下。这年，德国占领了奥地利。

希特勒有个十恶不赦的计划：他要消灭世界上的一切犹太人，他说世界上最坏的是他们，一定得从肉体上消灭他们。所以，只要是他的铁蹄所到之处，犹太人就会一批又一批地被枪杀、活埋、送进毒气室……犹太人对希特勒是谈虎色变，巴不得能在他到来之前逃离。

一天，身为中国驻奥地利总领事的何凤山正在自己总领事馆的窗口忧郁地看着外面乱糟糟的一片，为奥地利的人民担心。

突然，他看见一个身穿单薄衣衫的小姑娘，可怜巴巴地跑到领事馆门口，不知在向门口的卫兵要求些什么。那个卫兵显然没有答应她，那小姑娘哭着，转过身去，准备走了。

何凤山连忙高声问道："慢着，刚才你与那个小姑娘说什么来着？"

那卫兵说："报告领事先生，她问我们中国领事馆能不能为她们一家人办去中国的签证，我说不能。"

何凤山"啊"了一声，一跃而起，追了出来，叫住那个小姑娘："姑娘，请你等一等。我是这里的总领事，你有什么事？"

那个边哭边走的小姑娘大约15岁，一脸的憔悴，浑身还在瑟瑟发抖。

她听见何凤山的叫声，连忙跑了回来，急切地对何凤山说："请先生救救我们，我们一家都是犹太人，现在……"

她的眼泪流了下来："我……我已经跑了好多个大使馆和领事馆了，他们……他们都不肯……那些德国人，已经动手在杀人了。家里的人都把希望寄托在我的身上……先生，我求求你了……"

一股辛酸油然而生，人道主义、职业道德、怜悯之心……在何凤山的心中交织了一分钟。

"你进来。"他和蔼地说，拉起小姑娘的小手，将她带进了领事馆，"告诉我，你们家里一共有几个人？你们到上海去好不好？中国的上海，很大的。"

小姑娘喜出望外，她忘记了感谢，甚至有点儿不相信自己的耳朵："是的，是的，哪里都好，只要能离开奥地利。"

一刻钟后，她顺利地拿到了去上海的签证。

她喜极而泣，拉住了何凤山的手感激不尽。

"快去吧，快去将这消息告诉你的家人！"何凤山轻轻地推着她。

送走了小姑娘，他对卫兵说："以后有申请签证的犹太人来，请你放他们进来吧。"

"是，先生，"卫兵说，"不过先生，我们会不会有麻烦？"

"麻烦由我处理，不必费你的心。"何凤山有点儿生气地说。

小姑娘轻轻松松领到去上海的签证的消息，像风一般在维也纳悄无声息地迅速传开。中国领事馆门庭若市，大约5个月的时间，在何凤山的手里，就发出了1900个签证，途中去别地的人不说，光来上海的犹太人就有8000之多。

何凤山救了多少人啊，这真是个宁肯自己肩负压力也要救出并不认识的无辜者的好人啊。

60多年后犹太人给何凤山的荣誉，原是他应得的，所有的中国人都为自己有这么一个高尚的同胞而感到骄傲。

·毛泽东访问苏联·

毛泽东1893年12月26日出生于湖南省湘潭县韶山冲，1976年9月9日与世长辞。毛泽东生前只出访过一个国家，便是苏联。

1949年12月16日中午，苏联莫斯科车站彩旗飘扬，鼓乐齐鸣，一辆专列徐徐驶进了站台。车厢门打开了，一个伟岸的身影出现在大家面前，他就是中华人民共和国主席——毛泽东。

这是毛主席第一次访问苏联，也是新中国第一件重要的外事活动。毛泽东首次访问苏联，要办三件事：一是参加斯大林70寿辰庆祝活动；二是就两国两党关心的问题交换意见；三是协商签订两国之间的条约、协定。

下午6点，毛主席来到了斯大林在克里姆林宫的办公室。斯大林是很少站到门口亲自迎接客人的，而这一回却显得与以往非常不同。毛主席快步走上前，紧紧握住了斯大林的手，两位巨人的手终于握在了一起。

双方落座后，便开始了亲切交谈，从国内的情况谈到国外，从军事谈到经济建设。两人虽然从没见过面，却像老朋友一样亲热。

毛主席点燃一根香烟，爽朗地说："感谢苏联老大哥对我们的支持！"

斯大林笑着点点头，问道："不知主席这次前来，有何愿望和要求？"

"这次前来，一来为您祝寿，二来看看苏联，苏联有很多东西值得我们学习！"

"主席远道而来，可不能空手回去，我希望主席能考虑考虑，我们要不要搞个什么东西？"

毛主席拍拍沙发的扶手说："这个可以考虑，不过我们经过协商搞的这个东西要既好吃，又好看！"

主席幽默的话语，获得了在场人会心的微笑，他接着解释道："好看，就是形式上好看，要做给全世界的人看；好吃，是要有实际内容。"

双方第一次会谈并没有涉及到什么实质性问题。转眼间，毛主席在莫斯科已经住了十多天了。

斯大林对于毛主席的想法非常关注，可是他又猜不透毛主席心里想的是什么。

正在这时，英国通讯社发了一条消息，说毛主席被斯大林囚禁起来了。这事传出去后，闹得人心惶惶。

斯大林也打来电话，问主席是不是出去走走。可毛主席并没做什么回答。他心里也非常焦急，在莫斯科住了十来天了，可什么事也没做。这天毛主席想了一晚，第二天一大早，他拨通了斯大林的电话，说想让周恩来总理来一趟，并且让苏联外交部发一个公告，说毛泽东去列宁格勒参观访问。这样一来，英国通讯社的谣言不攻自破。

1950年1月20日，周总理到了莫斯科，他到达后，中苏双方很快开始进行实质性会谈。

苏联方面先写了一个草案，周总理看后说："我说的很多内容没有写进去，必须修改！"

周总理把这一情况报告给了毛主席，毛主席听完报告后，沉思了许久，他站起身来到窗前，凝视着窗外，说："我们重新搞一个，这个方案要方方面面都考虑到，不能让苏联老大哥说什么！"

于是周总理花了两天多时间草拟了条约文本。

苏联方面接到文本后，没有进行多大修改，并表示非常满意。

听到这个消息，毛主席才长长出了口气，这次苏联之行，还是很有成果的。

斯大林非常重视苏联同中国的关系，对毛主席很尊重。于是，苏联人民对毛主席也像对待斯大林一样。1950年2月，毛主席回国时，斯大林别墅的全体工作人员，惜别又惜别，有的人还流下了眼泪。

·找回九龙杯·

上海的一家豪华宾馆正在召开一个大型的外宾会。当天晚上，宾馆宴请参加会议的外宾，为了向外宾展示中国的古老文化，宾馆经理特意把一只九龙杯放在了餐桌上。

晚上来了很多外国朋友，大家举着酒杯在一起聊得非常开心。宾馆经理怕九龙杯出事，特意让一名服务员在一旁守护着。

一个有些谢顶的外宾对九龙杯产生了兴趣，他围着放九龙杯的桌子转了几圈。然后，四下里瞅瞅，见周围没人注意，以最快的速度把九龙杯从桌上拿下来，塞进了自己的包里。

这一幕被服务员看在了眼里。

经理得知消息后，马上赶到大厅。看着眼前这么多外宾，经理犯了难，如果这时让保安来打开这个外宾的公文包，外宾肯定不同意，而且外宾还会提出抗议，这样一来，就会造成不良影响。经理思前想后，也想不出个好办法。

正在一筹莫展的时候，经理忽然想到周恩来总理现在正在上海，于是，他把这件事向周总理作了汇报。

听完汇报，周总理陷入了沉思，好半天，他才说："九龙杯是中国的国宝，肯定是不能让外国人拿走的，但必须要想个办法，要有礼貌、不伤感情地将杯子拿回来。"

周总理在房间里来回踱了几步，说："我明天晚上会去看一场杂技、魔术表演，到时候，我们也可以请外宾看看嘛！"

一听周总理这样说，大家都知道总理有办法了。

第二天晚上，一场大型的杂技魔术表演拉开了序幕。

一个个节目把表演推向了高潮，博得了观众们的阵阵掌声。外宾们也不停地伸出手，连声喊着："very good！very good！"

节目到了最后，落落大方的报幕员走上台，向观众说道："最后一个节目是魔术，这个节目的与众不同之处，就是会让大家看到中国的国宝！"

幕布徐徐拉开了，一身黑衣装打扮的魔术师向观众鞠了个躬，大家看见舞台中央的桌子上摆放着三只"九龙杯"。在音乐声中，魔术师用红布把九龙杯给盖了起来，然后，他倒退几步，从口袋里掏出一支发令枪，扣动了扳机。

"啪"的一声枪响，魔术师揭开红布，大家定睛一看，红布下的九龙杯只剩下两只了。

观众们都感到十分惊奇，九龙杯难道长了翅膀，飞走了。

魔术师闭上眼，嘴里念念有词，好一会儿，他说："那只飞走的九龙杯，它刚才告诉我，要和我们玩个捉迷藏，不过，我现在已经知道它在哪儿了！"

魔术师将手中的魔术棒一挥，大声说："它就藏在台下的观众席中！"

观众们满座哗然，大家议论纷纷，有的人打开自己的包想看看是不是飞到自己包里了，有的人弯下腰，看看九龙杯是不是飞到椅子下面。

那个拿了九龙杯的外宾可紧张了，他知道自己的包里就有个九龙杯，万一大家要看自己的皮包，那可不好办，于是，他站起来，准备离开。

正在这时，魔术师指着他说："请这位外宾上台来！"

大家的目光一下子都集中到他的身上，这位外宾一点儿办法也没有，他只好上台。

魔术师朝外宾鞠了个躬，然后从他的手中接过公文包，从里面拿出了九龙杯。

台下响起了雷鸣般的掌声。

九龙杯被取了回来，这位外宾只好无奈地耸耸肩。

周总理用这个办法取得了十分好的效果：一来没有伤害外宾的感情；二来没有使国宝遗失。

·握手·

1976年1月8日，敬爱的周恩来总理离开了人间，全国人民为此深深哀悼。周总理1898年3月5日出生在江苏淮安，他生前为祖国的外交事业作出了卓越贡献。

1954年4月26日，讨论朝鲜问题和印度支那和平问题的日内瓦会议召开了。中美两个敌对国家在这次会议上的态度引起了世人的关注。

美国代表团团长、国务卿杜勒斯是反共老手，对中国人态度傲慢，一副盛气凌人的样子。他规定美国代表团的成员不准同中国代表团人员握手。而担任代表团副团长的美国副国务卿史密斯对美国敌视中国的政策有所保留，想同中国代表接触。在一次酒会上，他主动夸奖周总理的英文好。

周总理听到这件事，非常高兴，他决定主动找史密斯谈谈。

双方接触了好几次，可没有人敢向对方伸出友谊之手。在当时，中美双方握手可是雷区。有一次史密斯右手端着一杯咖啡走到总理面前，但又碍于杜勒斯的规定，只好用左手拉了一下周总理的胳膊。

针对这些，周总理作了部署：第一，我们不主动和美国人握手；第二，如果他们主动来握手，礼尚往来，我们不拒绝。

整个日内瓦会议气氛紧张，杜勒斯在讨论朝鲜问题时大放厥词，遭到周总理义正辞严的批驳后，即于5月3日回国了。

从此以后，经过18年的努力和斗争，美国终于改变了对中国的政策，愿意"同中国走向和好"，但两国的友谊之手仍旧没有握在一起。

1971年，美国基辛格博士秘密访问中国。9月4日这天下午，周总理要会见基辛格博士。基辛格博士站在宾馆的门口，静静地等着周总理的到来。今天该不该向周总理伸出友谊之手？就算自己伸出手，而周总理愿意不愿意接受？基辛格感到心里没有一点儿底。他思前想后，最后决定不管周总理怎么样，自己必须先伸出友谊之手，以示美国人的诚心。

周总理出现了，基辛格的一颗心提到了嗓子眼，他向前迈出几步，伸出了右手。

周总理也微笑着伸出了手。那一刻，基辛格怀疑自己的心跳都要停止了。当这两只友谊之手握在一起的时候，一切都有了一个良好的开端，这是将旧日嫌隙抛开的第一步。

基辛格访华成功后，美国总统尼克松决定正式访问中国。

1972年，尼克松的专机来到了北京。到北京之前，尼克松便对握手之礼进行了精心的考虑和安排。他要求不能有其他美国人在握手之际出现在电视镜头中，否则会分散观众的注意力。飞机缓缓地落了下来，尼克松出现在机舱门口，他朝来迎接他的周总理走去。

终于两个国家的巨人之手握在了一起。尼克松在后来的回忆录中还专门写了这段，他说，当两只手握在一起时，一个时代结束了，另一个时代开始了。

周总理同尼克松进行了亲切的会谈，大家都谈到了握手这件事。周总理笑着说："我们的握手真是很艰难，而尼克松总统做到了，杜勒斯就不敢这样。"

尼克松也笑了："总理不一定愿意同杜勒斯握手！"

周总理直摆手："不，如果他愿意的话，我也会跟他握手的。"

尼克松说："那好，我们再握一次手吧！"

两只大手再次握在了一起，两国的友谊从此谱写出了新的篇章。

·马可·波罗游记·

从马可·波罗懂事开始,父亲和叔叔就出外经商去了。马可·波罗天天爬上高楼,伏在阳台上,眺望着远方,希望大海的尽头有一只大船驶来,船头上就站着父亲和叔叔,给自己带来好多好多新奇的东西。

马可·波罗15岁那年,父亲和叔叔果真回家了。他们满面风霜,憔悴不堪。一到家,便急着打听罗马教廷的事。他们这次出外经商,一直到了极远的中国,中国的皇帝忽必烈要他们向教廷递交国书,请教廷派聪明人到中国去。

当时,老教皇已死,新教皇还没有选出。马可·波罗的父亲、叔叔只得在家等候,一等就是两年。在这些日子里,马可·波罗缠着父亲和叔叔,要他们讲述东方的故事。在父辈的讲述中,浮现在马可·波罗眼前的是一幅幅美丽的风景画:有一望无际的草原,上边游荡着云朵般的羊群;有高耸入云的山峰,山顶上终年积雪;有繁华兴盛的城市,街道上行人多得数也数不清。马可·波罗听得入了迷,心里暗暗下了决心,等长大后,一定要到那神奇的世界去探索一番。

机会终于到了。两年之后,教廷的回复终于到了,新教皇送来了复信和礼品,要马可·波罗的父亲送给中国皇帝。马可·波罗恳求同行,得到了同意。于是,17岁的马可·波罗加入了回复中国皇帝书信的使团,踏上了去东方的道路。他这一去就是20多年。

海船出了威尼斯,越过地中海,穿过海峡,又驶过黑海,终于靠上了阿拉伯半岛海岸。他们的第一个目的地是霍尔木兹海港,从那里坐上海船,就可以到达中国的南方。这是一条十分便捷的路线,也适合他们这个使者团。

他们历尽艰险，一路经过叙利亚、亚美尼亚，再由巴格达南下，来到霍尔木兹。这可是西方向东方购买丝绸、香料的中转站呀！只见街道两旁，各种商店应有尽有，商人们穿梭其间，挑选自己需要的货物。从高处望去，人头攒动，几乎遮没了地面。不过这一次马可·波罗的父亲并不为经商而来，他们焦急地等待着有中国的船到来。等了两个月，还没有船来到，看来这一年不会有东去的航船了。他们只得改道，经由伊朗，从陆路去中国。

从霍尔木兹朝东北而行，一路上穿过一个又一个沙漠，大一点儿的沙漠，要走七八天才能穿过。生长在水乡威尼斯的马可·波罗从来没经历过这样艰难的旅程。气候是那么干燥、酷热，四周茫茫，渺无人烟。除了足够的粮食外，还得带上饮水。马可·波罗却不怕任何困难，因为在沙漠那边，就是他日夜向往的东方，想到这些，他浑身就增添了力量。

好不容易穿过沙漠，来到法扎巴德，前面又出现了陡峭的山岭。他们好不容易历尽艰险翻过崇山峻岭后，马可·波罗再也撑不住了，他累病了，一躺就是一年。返回威尼斯治病是不可能的，马可·波罗也不愿意，一行人只得等候马可·波罗身体康复，再继续东行。

休息一年以后，使团继续向中国进发。大病初愈的马可·波罗并没有被世界屋脊帕米尔高原吓倒，他以惊人的毅力，战胜了一个又一个高峰，终于翻过了高原，踏上了著名的丝绸之路，由喀什、和阗、罗布泊，最后来到这条道路的起点敦煌古城。

中国到了，马可·波罗凭着自己的聪明才智，凭着虚心好学的精神，很快学会了蒙语和汉语，成为这个使团里最出色的成员。因此，当他们一行在上都拜谒忽必烈后，忽必烈就留下了马可·波罗，让他在自己身边供职。马可·波罗在中国当了17年官员，足迹遍布大江南北，在扬州当过3年总督，到1292年春天，他才找到机会，护送一位蒙古贵族的公主到波斯伊儿汗国完婚，并顺道回国。

回国的路也十分艰难。从福建泉州出海时，他们还有13艘船，在马六甲海峡遇上风暴，刮走了一半船只；在阿拉伯海又遇到了海盗。马可·波罗沉着应对，一一渡过难关，经过两年的航程，才到了波斯。交卸了任务，马可·波罗终于可以回威尼斯了。

在威尼斯，马可·波罗成为一名富商和见识广博的旅行家。他常常给人们讲述自己在东方看到的一切，赞美东方的繁华富庶。可是，听到的人总是半信半疑，这使他感到十分苦恼，他很想把自己的见闻记录下来，传给后人。

这时候，威尼斯和热那亚爆发了战争。马可·波罗的一艘战船在一次海战中被俘，他也当了热那亚人的战俘，被关进了监牢。没想到，这一次坎坷却使他有了机会，记下他那充满丰富阅历和传奇的一生。

和他关在同一间牢房里的还有一名著名的年轻作家鲁思梯谦，年轻人听了马可·波罗的叙述，十分兴奋，立即着手写成了流芳百世的《马可·波罗游记》。

《马可·波罗游记》不仅记下了马可·波罗传奇般的经历，向西方介绍了东方的文明，还培育了许多向往东方的航海家。后来，无论是达·伽马、麦哲伦或者是哥伦布，当他们起航去完成自己航海奇迹的时候，身边都带着一本《马可·波罗游记》。

马可·波罗凭着自己的艰辛努力，成为沟通东西方文化的使者。他的名字将永远留在世界文化交流史上。

·打赌·

福岛是生活在20世纪初的一位日本外交家，他曾被派往柏林担当外交官。

1904年，日本和沙皇俄国为了争夺中国东北和朝鲜，爆发了一场战争。而这场战争的前几年，曾有过一个不同寻常的打赌，打赌的双方分别是福岛和一群德国军官。福岛说他要从柏林骑马到海参崴，而那些德国军官根本不相信，于是双方便立下了字据，如果哪一方输掉的话，就要付上一大笔钱。

从柏林到海参崴可不是简单的事，这可是上万里的路程，途中有数不清的穷山恶水，加上变化莫测的天气，别说是骑马了，就是开着汽车也难到达终点。

双方的字据一立下后，世界各国的许多报纸都报道了这条消息，大家都等着瞧瞧谁能获胜。

福岛信心百倍地向新闻界宣布："大家请将赌注押在我身上，一年后见分晓。"

德国军官们纷纷投下重金赌注。

德国政府和俄国政府对福岛的壮举都提供了各种方便，一场赌注变成了福岛的冒险。

这天一大早，福岛收拾好行装，骑上马，就要开始长途跋涉了。他一出门，便看见门口有许多来送他的人，这些人一见福岛出来了，都纷纷让出一条路，有一个小姑娘竟跑上前，把捧在手中的鲜花送到了福岛手中，此时所有的人都希望福岛能成功。

看见眼前的景象，感激的泪花不禁涌上了福岛的眼眶，福岛向众人拱拱手，大声说："我一定不会辜负你们！"

一路上，福岛成了英雄，只要他到哪儿，哪儿的报纸便登出他的消息，他所到之处，人们列队相迎。

福岛跋山涉水，终于进入了俄国的边境。这时，前面传来一阵急促的马蹄声，福岛放眼望去，十几个人骑着马向他奔来。

那些人来到福岛跟前，从马上跳下来，向福岛行礼。福岛感到有些奇怪，这时，领头的那人说："福岛先生，我们早就从报上看到你打赌的消息了，我们都相信你能胜利到达终点，今天，我们的市长想请你去做客！"

在这些人的前呼后拥之下，福岛进了城。市长已经在城门前迎接福岛了，他看见福岛后，竟跑上前去，为福岛牵着马缰绳。

福岛成了当地的英雄，在和市长的交谈中，福岛向市长仔细询问了当地的地理情况和风土人情，由于他能讲上一口流利的俄语，大家都同他交谈得十分愉快。

在市长的官邸住了一个晚上后，福岛再次上路了，市长为他准备了充足的水和食物，并且派人伴着福岛走了很远的路。

福岛的大部分行程都在俄国境内，到底谁赢谁输，都将在俄国揭晓，好奇心使得俄国的政府官员一个个在福岛必经的路线上，守候着他的到来。他们以能陪同这位骑士，引以为豪。他们满腔热情地为福岛介绍本地区的情况，而福岛本人也乐意和大家交谈。

就这样，福岛用了15个月时间，骑着马，畅通无阻地穿过俄罗斯、西伯利亚，顺利地到达海参崴。

与此同时，大量的重要军事情报，已从福岛的手中，通过接应者源源不断地送到了东京日本参谋总部的办公桌上。俄国人谁也不知道，在他们欢迎福岛时，一场以打赌为名的间谍活动，正在悄悄地进行。

几年后，日俄爆发战争，关于俄国的许多情报竟是福岛提供的。

·英语高手·

宫泽喜一是日本第28任首相。宫泽喜一1919年出生，少年时，他就才华横溢，有着远大理想，也经历了许多坎坷。他凭着不服输的精神，在72岁高龄登上了日本政坛顶峰的宝座。

1939年，宫泽喜一作为东京大学的高材生，赴美国参加日美大学生会议。会议期间，美国的一名学生开起了宫泽喜一的玩笑，故意学宫泽喜一说英语时的腔调，并且还把其中一个单词给点了出来，说英语中根本没有这个单词。

宫泽喜一气得憋红了脸，他站起来，大声说："字典里有这个单词！"说完他从包里拿出了随身带着的字典，并且从中找到了这个单词。宫泽喜一为自己的同学争了光，可大家都知道，宫泽喜一为了背单词，吃了许多苦，他背完一页，就把记住的这一页给撕掉，而且凡是他记住的单词就再也不会忘记了。

宫泽喜一当上了首相后，扎实的英语功底让他受益匪浅。

1991年5月，新加坡总理李光耀访问日本。

双方落座后，宫泽喜一直接用英语问候李光耀。李光耀早就听说宫泽喜一的英语水平很高，于是，他含蓄地笑了笑，也用英语表示了问候。

如此一来，两人干脆用英语交谈起来。几位翻译可省了事，他们互相点点头，便不再进行翻译了。

参加会见的日本官员竹下、渡边可着急了，他们不懂英语，根本不知道双方在讲什么。

竹下悄悄趴在渡边的耳边说："首相可别说错什么话，或者讲了不该讲的什么！"

渡边皱了皱眉头，"这也是我最担心的，万一说错了，受影响的可是日本国。"

竹下和渡边向几名翻译做了个手势，示意他们把两位的对话给翻译出来。翻译刚进行翻译，宫泽喜一和李光耀就笑了，宫泽喜一说："他们是怕我讲了什么不能讲、或者不该讲的话。其实，他们不知道，我们已经成了朋友，我们正谈的事同国事没有什么关系。"

译员也照实进行了翻译，弄得竹下和渡边的脸都有些发红。

宫泽喜一平时英文书籍和报刊不离手，即使参加会议也不忘随身带几本英文书，闲下来时翻翻。有时读到精彩之处，竟情不自禁地在大庭广众之下念出来，引得大家都投来吃惊的目光。富泽喜一经常说："多学一门语言，总不见得有坏处，时间一长，我怕自己忘了怎么说英语。"

·可悲的外交官·

1598年，一支没有任何商业色彩的探险队踏上了前往东方古国波斯的旅途，这就是举世闻名的"贵族探险队"。

这支由28人组成的探险队，全部都来自英国贵族，总指挥安东尼爵士更是大名鼎鼎，他们这次前往波斯，纯粹是为了追求刺激和浪漫。不料，却引出了一段安东尼当上可悲外交官的故事。

却说这安东尼率领着探险队，越过扎格洛斯山，终于抵达了波斯的加兹温城。正好，波斯国王阿帕斯一世远征北方凯旋归来，皇宫广场上为他举行着盛大的庆典。只见上千名骑兵穿着闪光的铠甲，背着插有羽箭的皮囊和弯弓，手里还高举着长枪。在队伍的中间，阿帕斯一世威风凛凛地坐在马车上，向前来欢迎他的人们点头致意。

等庆典活动结束后，安东尼以贵族探险队领队的身份前往皇宫，觐见了阿帕斯一世。他说："尊敬的国王陛下，我们是来自英国的探险队员，陛下所取得的辉煌战果让我们深深敬服，如果能为您做点儿什么，将是我们最大的荣幸。"

阿帕斯一世听后高兴极了，对他们的到来表示欢迎，随后给每个探险队队员赠送了礼物。当侍从把礼物带到探险队队员的面前时，他们简直都不敢相信自己的眼睛：这礼物竟是44匹名贵的波斯纯种马。每一匹马都配有华贵的装束，尤其是给安东尼的那匹，马鞍上还镶着许多红宝石和土耳其玉。

贵族探险队队员们在波斯住了一段时间，便纷纷返回了英国。只有安东尼一人还独自留在那里，他经常到皇宫里和阿帕斯一世饮酒聊天，谈论时事。

由于当时土耳其国的军事力量不断强大，阿帕斯一世认为这是对波斯国的极大威胁，于是他便想了一条对付土耳其国的计策。有一天，他急匆匆地把安东尼叫进皇宫，对他说："你是我波斯国的朋友，土耳其国却是我波斯国的敌人，所以我想让你作为我波斯国的外交官，去联络欧洲各国，一起来对付土耳其。"

安东尼爽快地答应了。他一身波斯人的打扮，头缠巨大的条纹头巾，身穿波斯式的长袍，以波斯国大使的身份来到了欧洲各国。没想到，他把结盟计划一说，竟没有一个国家同意，没办法，他只得垂头丧气回到了波斯。

这下，安东尼可遭殃了！阿帕斯一世面色阴沉，叫人把他软禁了起来。安东尼心里暗暗叫苦，他知道万一哪天波斯和土耳其打起仗来，或者阿帕斯一世突然一发怒，自己的脑袋可能就要搬家，可现在这种情形他又能怎么办呢？

就在这时，幸运之神忽然降临在安东尼身上。原来他过去经常出入皇宫，加之英俊年轻，富有冒险精神，因此赢得了波斯公主的欢心。在波斯公主的劝说下，安东尼不但恢复了自由，还同波斯公主结了婚，成了阿帕斯一世的女婿。

不久，阿帕斯一世又老调重弹，让安东尼再次前往欧洲，去游说各国的国王。这次，安东尼不再是一个人前往，而是带着珠光宝气的妻子，他们在欧洲各国来回穿梭，整整花费了18年，可惜的是，结果还是同上次一样。

回国后，阿帕斯一世当众宣布了一个惊人的消息：英国人安东尼已经年老体衰，不能再为波斯国做任何事了，立即将他驱逐出境！

消息传到安东尼的耳朵里，他顿时就昏厥了过去。几天后，他草草收拾好行李，离开了波斯国，由于他悲愤过度，不到一个月就过世了。

以追求浪漫和刺激去波斯的探险队指挥安东尼就这样结束了他可悲的外交生涯。

·假装投降·

阿克巴·汗是抗击英国侵略者的英雄，他充分运用外交手段和军事手段，一次次地打击了英国侵略者。

阿克巴担任了抗英起义军的首领后，英国使节麦克诺顿决定和阿克巴进行谈判，以拖延时间，等待英国方面的援军，再和阿克巴进行决战。

双方进行了谈判。谈判桌上，麦克诺顿看到阿克巴寸土不让的态度，不禁头上渗出了冷汗。

阿克巴死死盯住麦克诺顿："你们想要和平也可以，但必须在协议签订后3天内从阿富汗撤军！否则我们可要动武了！"

最后，麦克诺顿没有办法，只好签字。眼看着拖延时间的计划要落空了，麦克诺顿急得像热锅上的蚂蚁。正在这时，他听说有一支英国援军就要到了，这个消息好像给麦克诺顿打了一剂强心针。他认为阿克巴年轻，在利益的引诱面前，肯定会上当，于是，他又派人去收买阿克巴。

阿克巴一见麦克诺顿想收买自己，心里暗暗好笑，决定来个将计就计，把麦克诺顿所送的东西一起收了下来。这天，阿克巴召开会议，在会上他把麦克诺顿送的东西全都拿了出来，并且揭穿麦克诺顿的阴谋。

顿时，所有的人都大骂起麦克诺顿，同时对阿克巴更感到敬佩了。阿克巴挥挥手，示意大家安静下来："这次，我打算故意接受麦克诺顿的条件，让他来参加我们的会议，在会议上一举擒获这个家伙。"

　　麦克诺顿见阿克巴接受了自己的礼物，十分高兴。他认为阿克巴中计了，就决定来参加阿富汗起义军首领的会议，但为了防止意外，麦克诺顿在离谈判会场较远的地方暗自部署了两个团的兵力，而自己只带着十来个人。

　　1841年12月23日，预定的会议开始了，双方各有6个人。

　　阿克巴咳了两声，说："今天，我们的会议肯定会有一个结果，那就是抓住麦克诺顿。"

　　神情轻松的麦克诺顿一听这话，慌了神，他跳起来，准备反抗。可还不等他动手，阿富汗起义军士兵们的枪已经响了。参加会谈的英国人全部被杀，紧接着，阿克巴又带领军队包围了那两个团的英国士兵，打了个漂亮仗。

　　麦克诺顿死后，阿克巴再次提出英军必须马上撤离阿富汗，交出大炮和弹药等五条要求。

　　英军方面迫于压力，看再也拖不下去了，只好签字同意撤军。

·强硬的西哈努克·

东埔寨国家前元首诺罗敦·西哈努克是高棉民族史上的一位杰出人物，他为了高棉民族能独立于世界民族之林，同殖民主义者进行了坚决的斗争。

东埔寨原是法国的殖民地，1945年，西哈努克受法国政府的邀请访问法国，他乘机同法国上层社会建立了良好的私人关系，为东埔寨从法国的"保护"下脱身打下了基础。

西哈努克就要过生日时，他接到了法国专员卢贝先生准备在他生日庆典活动上的发言稿。西哈努克打开一看，顿时气不打一处来。

信上写道：东埔寨在法国的"保护"下，经济、政治等各方面有了很大的发展，如果没有法国，那东埔寨现在的状况是非常糟糕的。现在东埔寨还没有足够的能够胜任军政管理工作的干部和具有相当水平的技术人员，法国不会让东埔寨充分独立，这是对东埔寨人民的一种尊重，否则东埔寨政府就会陷入无政府状态，国内会变得混乱不堪。

读完信，西哈努克重重地把信往桌子上一拍，他情绪激动地说道："欺侮了人，还把自己讲成鲜花一朵，世上哪有这样的道理！东埔寨人民是根本不会同意的！"

第二天，法籍顾问马蒂维先生为西哈努克草拟了一个答谢词，暗示西哈努克拥护法国的保护制。

西哈努克冷笑了两声，当场把这份草拟词撕得粉碎。

转眼间，西哈努克的生日到了，法国专员卢贝怒气冲冲地看着西哈努克，大声说："不管怎么讲，要是没有法国，东埔寨的发展不会像今天这样！"

西哈努克露出了轻蔑的神色，笑着说："的确，卢贝先生的话有一定的道理，世界上有许多独立的国家，这些国家的文明程度不能与柬埔寨相比，而柬埔寨今天取得的成绩，我想跟法国的关系并不是太大，而是柬埔寨人民奋斗得来的。如果柬埔寨能早一天独立，决不会出现卢贝先生所讲的现象。不相信，卢贝先生您迟早会见到这一天的！"

西哈努克的这番话犹如晴天霹雳，使在场的人感到吃惊，这之前从没任何人敢这么说。卢贝的脸色顿时变得十分难看起来，他结结巴巴地说："你，你……"

"我没讲任何错话，"西哈努克说，"卢贝先生为何如此生气呢？"

双方的谈话不欢而散。西哈努克由此获得了柬埔寨人民的信任。经过西哈努克的努力，法国在1947年迫使泰国将马德里省和占领柬埔寨的领土归还了柬埔寨。

取得了一定的成功后，西哈努克积极地走出国门，在外交上为柬埔寨的独立争取各国的同情和理解。最终，法国答应从柬埔寨撤军。

·耳朵不好的外交家·

伊斯美是土耳其的外交家。

第一次世界大战结束后，很多殖民地半殖民地国家纷纷要求独立。当时的土耳其正被英国统治着，土耳其人民奋起抗争，终于取得了独立。

土耳其的独立让英国人大为生气，觉得丢尽了面子。于是，英国的大臣们马上召开了会议，大家一致要求严惩土耳其，但是由于国内外反战的呼声很高，再加上第一次世界大战刚结束，英国也已经伤了些元气，只好联合多国代表，派出使团在洛桑和土耳其谈判，企图迫使土耳其签订不平等条约。

对于这次谈判，土耳其极为重视，刚刚独立的土耳其也不愿同英国开战，如果能和平解决是最好不过的。最后，土耳其决定派出国内并不出名的外交家伊斯美，正因为伊斯美的不出名，才让英国方面放松警惕。

伊斯美的确是貌不惊人：矮小的个子，再加上耳朵还有点背，有时候听一句话要让别人重复两三遍。

英国代表一看伊斯美的样子全都乐了，就凭这样一个家伙还想在外交上取得胜利，简直是开玩笑。

正式谈判开始了，英国代表刻尊把头抬得高高的，连正眼都不看一下伊斯美，他点燃了一根雪茄，傲慢嚣张地用食指在桌上敲了敲："我们有很多问题需要解决，我想贵国也是希望双方坐下来好好谈谈的！你可以看见，我身边坐了很多其他国家的大使，他们前来主要是为我们的谈判做个见证，他们个个都是最公正的人选。"

伊斯美清了清嗓子，说："如果阁下能做到所说的，那我们就很满意了！"

双方进入了正式话题，伊斯美不仅态度从容，毫无惧色，而且他的聋耳具有"特异功能"，对土耳其有利的发言，他都听见了，不利的他全没听到。

伊斯美提出维持土耳其独立的条件时，刻尊再也坐不住了，他猛地站起来，双手支撑着桌子："你讲什么，在这张谈判桌子上，你们只是个小小的土耳其，而我们才是真正的大英帝国。如果我们高兴，可以让你们一些，如果不高兴的话，那你们什么便宜也别想占到！"

刻尊请来的那些国家代表马上附和，整个谈判变成了一边倒。

伊斯美故意摆出听不清的样子，他在两个耳朵上使劲揉了揉，皱着眉头说："哎呀，真对不起，我耳背的毛病又犯了。你讲的我怎么什么也没听清，请再重复一遍。"

刻尊更生气了，他暴跳如雷，又是恫吓，又是威胁，他真想跑到伊斯美的身边，对着他的耳朵大声喊，可他想到自己毕竟是有名的外交官，还得注意一下礼仪，就耐心地讲了自己的观点。

几个回合下来，刻尊已经连喊叫的力气都没了。伊斯美见火候差不多了，就把身子移向英国代表，十分温和地说："你刚才还是声音太小，我什么也没听见！"

刻尊气得直翻白眼。

在谈判桌上，伊斯美始终维护土耳其的利益，坚持维持本国独立的谈判条件，即使英国代表以退出谈判来要挟，各列强以战争相威胁，他仍然不肯有丝毫的让步。第一次谈判破裂了，但在三个月后的再次谈判时，土耳其以胜利告终。

·抓住对方的弱点·

巴基斯坦总统布托曾当过律师、外交部部长，1967年创建了巴基斯坦人民党，第二年成为该党的领袖。

1971年，巴基斯坦的东部孟加拉人发动了叛乱，要求独立。印度方面插手介入了此事，一场内乱变成了巴基斯坦和印度之间的战争。在战争中，巴基斯坦吃了败仗，面临着灭亡的危险。

情形对巴基斯坦极其不利，1972年6月，布托率领代表团赴西姆拉与印度总理英拉迪·甘地举行谈判。

前5天的会谈，双方未有丝毫进展。布托心急如焚，而甘地却异常冷静，这场战斗印度已经取得了胜利，而巴基斯坦方面是拖不起的。

这天深夜，布托还没有睡觉，独自在屋里走来走去，这时他的一个陪同人员上前问他："谈判结束的时间快到了，我们什么时候能离开西姆拉？"

布托愣住了，他脑筋一转，想到了印度方面一直认为不签订协议，布托就不敢回去，而此时他们就可以提一些要求来要挟。对了，布托一拍手，决定给甘地来个反其道而行之，按期回国。

甘地一见到布托向她辞行，吃惊极了。她张张嘴想讲什么，但什么话也没讲出口。

布托故意叹了口气，说："我再待下去，也没多大意思了，我看不管怎么样，我们的谈判都不会有结果。"

甘地依旧沉默不语，她知道，布托的失败不仅是巴基斯坦的失败，对于印度来讲，结局同样，他们的政敌都会借此来反对他们。

布托见甘地沉默不语的样子，知道她有些心动，就继续说道："我们的谈判可以给该地区带来和平，也可以在伤口上撒把盐。在这一场战争中，巴基斯坦已经失败了，我们没有过多的要求，但是你们印度作为胜利者，我真希望有些王者风度，让一下步。"

终于，甘地被感动了，她同意和她的顾问们商量一下，于晚上的辞行宴会上给予答复。

当天晚上，双方签订了《西姆拉协定》，印度归还了所占领的巴基斯坦的领土5000平方英里，在查谟和克什米尔问题上也没有偏袒任何一方。从此，南亚次大陆最长的和平时期开始了。

·胸有成竹·

齐亚·哈克曾是巴基斯坦的领导人，他出生于20世纪初。

巴基斯坦一直是个比较贫困的国家，美国曾是它的最大援助国。然而到了20世纪70年代，美国给予巴基斯坦的援助越来越少，1979年以后，巴基斯坦就没有得到美国的任何援助。

这时，掌握巴基斯坦兵权的正是齐亚，而此时的巴基斯坦国内政局极不稳定，齐亚为了加强军警力量，用于军费的开支在国家的财政收入中占了很大的比重，而美国不再进行援助了，这无形中使巴基斯坦的国库日益空虚。

恰好这时，苏联入侵阿富汗，对于齐亚来讲可是一个千载难逢的好机会。有天，财政部部长又来向齐亚汇报国库空虚的情况，齐亚不禁哈哈大笑："快了，这个问题很快就会解决了！"

财政部部长感到莫名其妙。

齐亚明白，随着阿富汗战争的加剧，阿富汗难民会蜂拥而至，这些难民和驻扎在巴基斯坦的苏联军队，是他换取金钱的巨大筹码。美国肯定会慷慨解囊，给予巴基斯坦大量援助，最终使巴基斯坦成为美国的第三大受援国，仅次于以色列和埃及。想到这些，齐亚已经是胸有成竹。

由于苏联和阿富汗的军事存在日益加强，美国的卡特总统最终坐不住了，1980年3月的一天，齐亚接到了卡特总统的电话。

"美国将向你们提供四亿美元的援助，你看如何？"

齐亚在电话的这端，深深叹了口气："虽说巴基斯坦现在确实有很大困难，但我们并不想接受美国的援助，有很多问题，巴基斯坦人

相信自己有能力会去解决好的！"

　　齐亚拒绝了卡特总统。第二天，世界上各大报纸都登出了这条消息，不少人都说，齐亚太呆了。听到这样的评价后，齐亚暗暗发笑。他在会议上对自己的官员说："我听见有些人在背后议论关于我拒绝美国援助这件事，其实这些人根本不知道我在想什么，4亿美元，简直就是微不足道的'花生米'。如果我要了这点儿钱，那就是捡了芝麻，丢了西瓜。你们等着看吧，过不了多久，会有更大的援助向我们飞来。"

　　果然如齐亚所料，卡特总统下台后，里根又上台了，他提出向巴基斯坦提供为期6年的32亿美元的援助，这些援助包括经济和军事方面，并于1981年提交美国国会通过。

·宴会上的甘地夫人·

英迪拉·甘地出生于印度阿拉哈巴德。她曾经担任过印度总理，并为印度的反殖民地斗争作出了卓越的贡献，在外交方面也取得了辉煌的成就。

有一次，甘地夫人受到别国大使的邀请，参加一个宴会，赴宴的客人中有军官、使馆人员，还有一名来访问的美国自然学家。

在宽敞的餐厅里，主宾一起欢宴，屋顶的三角橡架下没有天花板，餐厅里还有两扇宽大的玻璃门，通向走廊。

一名年轻的小姐正同一名上校讨论一个有趣的话题。

小姐说："随着时代的进步，妇女已经同以前不一样了，再也不是过去那种见到老鼠就跳起来的样子了！"

上校哈哈大笑："依我看，还是一样！"

那名美国自然学家无意间看到甘地夫人脸上流露出一种奇怪的表情，她的眼睛直瞪瞪地向前看，面部的肌肉在微微抽动。她轻轻地挥挥手，把一个男仆召到跟前，在他的耳边低语了几句。

那个男仆吓得瞪大了眼睛，连忙跑掉了。

一会儿，男仆把一碗牛奶放在了走廊的地上。看到这里，美国人不禁大吃一惊。在印度，牛奶是用来引诱蛇的，蛇闻到牛奶的气味儿便会游过来。根据甘地夫人刚才的表情举止，美国人意识到房间里有蛇，他认真看了看房间，没找到蛇的影子。美国人暗想，要是这时候对大家说，屋里有条蛇，那肯定会一片大乱，蛇也会咬伤人。美国人想来想去，想到一个办法。他对在场的人大声说："诸位，最近我们美国流行一个小游戏，那就是如何检验自己的自控力，我数三百下，你们谁也不准收缩一下肌肉，哪个人动一动就罚款。"

大家对这个游戏都产生了浓厚的兴趣，都照着美国人的方法做了。当美国人数到"258"时，他用眼角的余光瞥到，一条眼镜蛇正向牛奶碗爬去。他猛地跳起来，冲到门前，一下子把门关上了。

众人这才知道美国人的用心。美国人转过头，向甘地夫人询问道："夫人，您怎么知道屋里有蛇呢？"

甘地夫人笑笑说："刚才，这条蛇从我的脚上爬了过去！"

参加宴会的人无不钦佩甘地夫人的从容镇定。

·疲劳战术·

以色列的已故总理伊扎克·拉宾一直被人们称为中东和平的推进器，他排除千难万险给中东的和平带来了希望的曙光。拉宾1922年出生于圣城耶路撒冷，1974～1977年，拉宾出任以色列总理。离任后，拉宾整整沉默了15年，这15年的时光中，拉宾学到了很多东西，而这些对他1992年东山再起，再任以色列总理后在政坛的发展起到了很大的作用。

1975年8月，奉美国总统尼克松的命令，美国国务卿基辛格博士在与埃及总统进行了数小时的会谈后，又马不停蹄地赶到以色列，和拉宾进行一些外交事务上的谈判。基辛格太疲劳了，他打算下了飞机后，到旅馆里泡个热水澡，再美美地睡上一觉，等养好精神后再和拉宾谈。

基辛格一出机舱，一眼就望见了来欢迎他的拉宾。

基辛格暗暗叫苦，看样子拉宾马上就要找他进行交谈，而这些外交上的事务并不是三言两语就能解决的。基辛格强打起精神，上前握住了拉宾的手。

拉宾笑着说："这次阁下能到我们这儿来，我真是十分高兴，我有许多问题想和阁下商谈！"

基辛格被拉宾拉上了车，坐在车里，拉宾不停地说着话，而基辛格却一点儿也打不起精神，他只想找个地方睡一觉。

汽车直接把基辛格拉到了拉宾的办公室，拉宾的助手们都已在办公室里拉开了谈判的架势。

基辛格无奈地摇了摇头，若是拒绝拉宾开始谈判的要求，势必失了他的面子，给以后的会谈制造麻烦；要是现在进行谈判，精力又不够，肯定要吃亏。基辛格想来想去，根本没有退路，只好硬着头皮上。

时间一分一秒地溜走了，基辛格不断地打着哈欠，而拉宾却越谈越起劲。基辛格使劲地拧了一下自己的大腿，可这还是不管用。基辛格做了个手势，意思是想去趟洗手间。

其实，基辛格只是想去清醒一下，他站在水池边，用凉水擦了一把脸，以便洗去一些疲劳。如此一来，他感觉好多了，于是再次走进了拉宾的办公室。

夜越来越深了。基辛格脑袋昏沉沉的，他让人给自己倒杯咖啡，而且越浓越好。一杯咖啡进了肚，基辛格死死盯住拉宾，让自己的眼皮别打架。慢慢地，基辛格只感到拉宾的声音离自己越来越远，他头一歪，竟倒在沙发上。

拉宾上前拍了拍基辛格的肩膀，轻声说："阁下，我们还有好几个很重要的问题没谈呢。"

基辛格打了个长长的哈欠，支撑着坐了起来。

会谈继续下去，天边渐渐亮出了鱼肚白。拉宾好像有讲不完的话，而基辛格却沉沉欲睡。

这次会谈，拉宾利用疲劳战术取得了巨大的成果，美国承诺不与巴勒斯坦解放组织谈判，并向以色列提供了许多新的援助项目。

·宽容·

19世纪的美国人把美国总统华盛顿尊为圣贤。这位总统凭着自己良好的道德获得了大家的尊重。

这一天，华盛顿因为一点儿小事和外国外交官华恩争吵起来。

华恩猛地站起来，指着华盛顿的鼻子大声骂起来："你这个小人，只不过要你去办一点儿小事，你却吓唬我，别以为老子怕你！"

面对对方的出言不逊，华盛顿始终保持着微笑："请您讲话客气些！我不想在这个小事上和您闹翻。"

"什么，你不想和我闹翻，我还想和你闹翻呢！"华恩话没说完，就上前两步，狠狠地挥起了拳头，用力砸在华盛顿的脸上。

华盛顿栽倒在地，他慢慢地站起来，用手在脸上一抹，脸上竟全部是血。大家都以为华盛顿会马上扑过去，和华恩拼个你死我活，可华盛顿却依旧笑眯眯地看着华恩。

正在这时，外面传来了乱哄哄的声音，华盛顿的士兵赶来了，他们一见华盛顿受伤了，马上把华恩给围了起来，准备把他带回去，好好收拾收拾他。

华盛顿斥责道："你们这是干什么！我和我的朋友在讨论问题，你们插什么手！"

士兵慌忙退了下来，华盛顿对华恩说："你走吧！"

华恩忙离开了现场。

第二天早上，华盛顿托人带给华恩一张纸条，请他中午到当地一家酒店会面。华恩知道，华盛顿可能要收拾他了，可华盛顿为什么不派几个士兵把他抓走，反而喊他去酒店？华恩百思不得其解。

华恩怀着忐忑不安的心情去了酒店。当他拉开酒店的门，看见华盛顿举着酒杯，笑容可掬地站在那儿。等待华恩的竟不是手枪，而是酒杯。华恩更加糊涂了。

华盛顿上前一把握住华恩的手，把酒杯递到了他手中，说："华恩先生，请接受我这杯道歉酒！"

"明明是我打了你，可你为什么要道歉？"

华盛顿说："人谁能无过，知错就改方为俊杰。昨天我确实说了一些不好的话，你也采取行动挽回了面子，如果你觉得够了，那么就请握住我的手吧！我们会成为好朋友的！"

一听到这话，华恩顿时羞愧得满脸通红，他也连忙向华盛顿道歉。

华盛顿从此和华恩成了好朋友。

·外交用语·

　　1795年出生的美国总统詹姆斯·诺克斯·波尔克，1849年逝世，只活了54岁。他是个好总统，在他的就任期内，他几乎实现了他当总统前的全部诺言。虽然他为人古板，人们不太喜欢他，可他凡事认真的工作作风，却让人十分佩服。

　　这天，国务卿布坎南以总统的名义起草了一封外交信件，交给了波尔克，然后布坎南就站在那儿等着波尔克阅读。

　　波尔克仔仔细细地看了好几遍，抬起头询问道："布坎南，你觉得这封外交信里有什么不妥吗？"

　　布坎南挠挠脑袋，这封信他写完后，改了好几遍，想不出来有什么地方不妥，于是就照实回答了总统。

　　波尔克把信伸到布坎南鼻子底下，指着信上的一段文字说："你瞧瞧，这一段有不符合标准的外交用语。"

　　布坎南说："不可能，我们一直都是这么写的。"

　　波尔克点点头，把信放进了口袋，然后让布坎南出去。布坎南搞不清这是怎么回事。

　　第二天，有一个内阁会议。会议结束时，波尔克从口袋里掏出了那封信，说："昨天，国务卿布坎南交给了我一份外交信件，这封信是由他起草的，我读来读去，觉得有些地方不妥，今天，我请大家来评价评价！"

　　这封信在所有人的手中传阅了一遍，也没什么人看出什么问题。

　　"唉。"波尔克叹了口气，"难道你们对普通的外交常识都不太懂吗？"

布坎南站了起来："总统，我们干脆打个赌吧，看看到底谁是正确的，谁输了谁就买一筐香槟酒。"

波尔克同意了，他从抽屉里拿出一本书信备查簿，这本书信备查簿里有所有的书信格式，其中包括外交书信。波尔克指出，外交信中有一句话的用词，不符合标准的外交用语，读起来容易使人有另一种解释。

布坎南接过书信，仔细地翻了几遍，确实是自己错了，最后，只好认输。于是他答应明天买筐香槟酒。

波尔克回到家中，在日记本上记下这件事，并补充道：我记下这件事的目的，是为了让自己和部下注意书写格式及具体细节，以避免日后出错。任何一封外交信件都不允许出错，它关系到一个国家的形象。

·参加国宴的公使·

生于1758年的詹姆士·门罗，是当时美国最后的一个"革命之父"，并担任了美国总统，他于1831年逝世。

一名欧洲外交官在白宫看到一个秃顶的男人两眼泪汪汪的，穿着条纹的薄麻片外衣和脏马甲，不禁感到奇怪，美国人怎么会雇这样一个家伙当职员呢？再一打听，这人竟是总统。更让这位欧洲外交官感到奇怪的是，就这样一位不修边幅的人却受到了大家的尊敬，他的朋友和下属说，他是一个找不到任何污点的人。

1803年，门罗任美国派驻英国的公使。英国官员对他彬彬有礼，但是伦敦社会对这位来自新崛起的美利坚共和国的代表的态度却十分冷漠。

有一次，英国举办盛大的国宴，门罗被邀请参加了。

门罗被安排在宴会上的一个很随便的、令人不愉快的地方，他的座位两边是两个德意志公国的代表。门罗顿时一肚子火，不管怎么讲，美国在当时也是一个不小的国家，而那两个德意志公国代表所在国家的面积还没有美国的两个马场大。

门罗一屁股坐在座位上，一言不发，他倒要看看英国人怎么对待他这个美国代表。

这时，宴会的主持人站了起来，说："我建议，为英国国王干第一杯酒。"

一听到这话，门罗更气不打一处来，你不拿我们美国当一回事，我也不会拿你们的国王当一回事。

大家都站了起来，举起了杯子，门罗就是坐在那儿不动。

两个德意志公使看见眼前门罗的表情，都露出了讥讽的笑容。门罗哼了一声，当着众人的面，把酒杯里的酒倒在了餐桌上洗手用的小盆里，溅了一桌子。

德意志公使附在门罗的耳朵边，低声说："别生气，你们美国跟我们德意志公国一样，不会被人重视的！"

门罗狠狠瞪了德意志公使一眼，把头扭到了一边。

门罗的举动被在场的人都看见了，大家面面相觑，谁也没敢讲什么。一时间，宴会出现了冷场。

这时，俄国使节站起来祝酒说："为新诞生的美利坚共和国总统的身体健康干杯！"

对美国尊重的人，也是门罗尊重的人，门罗毫不迟疑地起身，也向俄国使节举起了酒杯，"为沙皇的健康、为俄国的繁荣干杯！"

门罗为美国争来了尊重，使大家认识到这个不修边幅的家伙不是好惹的。

·送你一瓶生发水·

亚伯拉罕·林肯是美国的第16任总统，也是美国历史上的一位伟大的总统。他生于1809年，1865年逝世。他在世期间，为解放奴隶的运动作出了卓越的贡献。同时，林肯那幽默的性格和谈吐也给美国人民留下了美好的回忆。

一次，一位外国外交家找林肯，求他帮助办件私事。这件事对于林肯来说，很难办。如果按照对方的要求办，那必然引起美国人民的反感；如果不帮忙的话，就会让这位外交官不高兴，甚至可能影响两国关系。

林肯惟一能做的就是拖。这天下午，这位外交官又来了，这已经是他第三次来了。林肯托着下巴，沉思片刻，想到了一个办法。

那位外交官一进门，林肯就把他按到了椅子上："快坐下来，我给你讲一个笑话。"

外交官急着说："我是有事来的……"

林肯马上打断了他的话："先别管什么事，这个笑话肯定会让你笑破肚子！"林肯不由分说，就讲开了。

那位外交官只好硬着头皮听下去，渐渐地他竟被林肯幽默的语言吸引了，不时发出爽朗的笑声。

不知不觉地到了黄昏，林肯的笑话也讲完了，那位外交官也忘了自己是来干什么的。他握着林肯的手说："下回，我还来听你讲笑话！"林肯把他送出了门，这位外交官这时才想起来自己是来做什么的，他叹了口气，决定明天再来。

第二天一早，林肯在书房里看书，那个令人讨厌的外交官又来了。林肯的眉头都拧成了一个疙瘩，看样子，老躲着也不是个办法，得想个好主意，长时间地把他打发走。想到这儿，林肯开了门。

那位外交官也不见外，他一屁股坐在了沙发上，说："昨天本来真的有重要的事，但被你的笑话都给逗忘了。"

"你等等！"林肯说，"昨天，我也忘了一件事，有个朋友从外地来，带了一瓶生发水，据说效果好极了，我看你头顶上的头发也掉光了，就想到了你！"

林肯说完，就跑了出去。10分钟后，林肯拿了一瓶生发水硬塞到这位外交官的手中："你试试，肯定管用。我想你肯定现在就想试，快回去试吧！"他说完，就把这位外交官往外推，推到门口的时候，林肯又说："我想起来了，这玩意儿要用一年才管用，等过了一年，你再回来见我，让我看看你满头乌发的样子！"

林肯用这个办法把外交官打发走了，这才长出了口气。

·父子总统·

昆西是美国第二任总统约翰·亚当斯的儿子，于1825年到1829年间担任美国总统。

1796年年初，昆西担任美国驻荷兰公使，可是时间不长，他突然接到了美国总统华盛顿的通知，把他调往葡萄牙，去担任驻葡萄牙的公使。

昆西计划先在伦敦结婚，然后去葡萄牙首都里斯本。等他到了伦敦后，又传来消息，说是他的父亲亚当斯被选为美国总统，改派他为驻普鲁士公使。年轻的外交官昆西心里非常不高兴，他没想到自己的父亲竟成了美国总统，并且任命他为普鲁士的公使。凭自己的水平一定能把很多事做好，但是现在人家可能不这样看了，有的人甚至会认为他是沾了父亲的光。万一做不好工作的话，别人又会说，就知道这小子没本事，他父亲再帮他也没用。

昆西越想越恼火，他一晚上没睡好觉。第二天一大早起来，他马上给父亲写了一封信。信上这样写道："亲爱的父亲，在这里，我并不想称呼您为总统，您对我的安排，让我觉得很难做。我还记得这样一个故事，您可以听我说说。路易十四的宫廷里有一位驻外使节很蠢笨，笨得令人吃惊，于是大家都讲他所以当上使节，全是沾了他亲戚的光，因为他的亲戚是皇宫里有权势的人……"

亚当斯读了信后，气得把桌子拍得直响。他来回地在房间里踱步，气呼呼地说："我怎么有这样一个儿子，我怎么有这样一个儿子！他竟敢用这样的故事来讽刺他的父亲——一位美国总统！"

亚当斯找到了退休的总统华盛顿，同他商量办法，并准备撤昆西的职。

华盛顿笑了："昆西也真是的，他出色的才能可并不是因为他的父亲。在你没当总统之前，我就听说过，昆西是我们最杰出的一位外交家。"

亚当斯说："我可不管这些，现在我要撤他的职，我不管他怎么说，但我不愿人们讲因为他是我的儿子，所以才当上外交家！"

华盛顿走上前，拍了拍亚当斯的肩，说："你们父子俩真有意思，你不赞成总统委任自己的儿子是因为你信奉了一条经不起检验的原则。而我认为，总统的儿子不能因为他的某种关系，而丧失了同其他公民享有的同样权利。"

亚当斯觉得华盛顿讲得很有道理，就专注地听起来。

华盛顿接着说："剥夺每个人担任公职的权利通常被看为是对犯有重罪和行为不端的人一种惩罚。"

这时，亚当斯知道该怎么办了，他马上给昆西写了封回信，告诉儿子说："假如有一条法律规定，某人在一个职位上，他的亲戚将永远不会被重用的话，我一辈子不会接受总统的职位……"

昆西接到信后，理解了父亲。他欣然听令，结完婚后和新娘一同前往普鲁士首都，在那里干得十分出色。后来，昆西成了美国的第六任总统。

·总统讨债·

安德鲁·杰克逊是美国历史上的一位有名的好斗总统。

杰克逊和法国签订了一份协议，但是后来，法国人没有履行向美国偿还欠款的协议。看着法国不给钱，杰克逊气得暴跳如雷："什么，你们欠的钱竟不想还，以为我杰克逊是好惹的吗？我一定要想办法消灭法国人！"

正在气头上的杰克逊，哪个劝他也不管用，发完火后，他趴在桌上，开始奋笔疾书，他要法国还给他一切！杰克逊首先下令海军，要他们做好一切攻打法国的准备，同时他还向国会递交了一份火药味十足的咨文，敦促国会没收法国人在美国的一切财产。

法国国王也得知了这件事，他一听杰克逊敢如此对他，也气得胡须直抖："你一个小小的美国总统，敢向我们法国开战，简直自不量力！你们没收法国人的钱，我也能做到没收你们美国人的钱！"

这下，双方剑拔弩张，几乎没有了一点儿商量的余地。

双方要开仗的消息传到了英国，英国人也着急了。如果双方真的打起来，对英国可极为不利，于是英国表示愿意出面调解。

好不容易，杰克逊总统和法国国王坐到了一块儿。

杰克逊用拳头直擂桌子："除非法国还钱，否则这事没商量！"

法国国王也毫不逊色，他干脆站起来，指着杰克逊吼道："想打仗是不是，我们奉陪！"

英国方面一见这种情形，马上说："你们这是干什么，到底是想解决争端，还是想怎么样？"

双方都不想得罪英国，于是，都沉默不语。

最后，在英国的劝说下，双方都开始退让了。

杰克逊说："我们也不想这么做，可谁让法国欠我们的钱不还呢？"

法国国王也说："如果美国找我们好好商量，我们会还钱的！"

经过谈判，杰克逊向法国国王道歉，承认他说了几句他并非想伤害法国人的话，法国国王也平息了怒气，答应会还上欠美国人的钱。

一场风波就这样过去了。当时还有一幅漫画，画的是杰克逊朝着法国国王挥动着手杖，大声喊着："你快还我钱，不然，我找上帝评理！"画里的法国国王也吼道："亲爱的将军，连句道歉的话都不说那可是不行的。"

·沉默的卡尔文·

美国总统卡尔文·柯立芝是个沉默寡言的家伙，现在人们回忆起他给人留下最深的印象便是他很少讲话。有人说，柯立芝在任总统期间的档案几乎是一片空白，他的言行很少有人记得。这话虽然有些过分，但也的确反映了柯立芝的个性。

大家都叫柯立芝"沉默的卡尔文"，好像他是个哑巴。有一回，柯立芝出席了一个国际大会，刚散会，柯立芝就被记者围了起来。

柯立芝真想找个地洞钻进去，以躲开那些令他讨厌的记者，可这毕竟是个国际大会，有很多国外的代表在看着他。会上讨论了许多属于保密性的问题，决不能让记者知道，但是什么态度都不表示的话，也会令大家对他有看法。

一个外国记者把话筒伸到了柯立芝的鼻子下："谈谈你对本次大会的看法！"

柯立芝摇摇头说："不！"

这个记者碰了一鼻子灰，另一个记者又上来了："谈谈你对国际形势的看法！"

"不！"

两个钉子让记者们有些心灰意冷，但是还有人不愿意善罢甘休，又挤了上来，他想用一个不起眼的问题来攻破柯立芝，就问道："您对禁酒令有何看法？"

柯立芝依旧没有一点儿表情："无可奉告！"

记者们都十分扫兴，以为碰到了一个木头人，大家纷纷准备离去，再也不对柯立芝提什么问题了。

这时，柯立芝发话了："大家慢走，我有话要说！"

所有的记者都停下了脚步，全神贯注地盯着柯立芝，以为他有什么重大的事情要宣布。

柯立芝清了清嗓子，满脸严肃地说："记住，不准引用我的话！"

记者们都笑了，大家觉得这个总统实在没多大意思。

柯立芝就是这么一个沉默的人，你要是想从他的嘴里得到什么话，看样子，非要撬开他的嘴才行。

柯立芝回到国内后，接受了一家当地电台的采访。当记者请他向全国人民讲几句话时，柯立芝立刻端正了坐姿，郑重其事地说："再见！"

有人曾经问过柯立芝，难道讲话真的那么难吗？

柯立芝解释道："你保持沉默，对方就不会继续纠缠你！"

柯立芝在卸任时，曾经告诉下一任总统胡佛一条摆脱求见者的锦囊妙计："你保持缄默，不出三四分钟，他们就会逐个自动离去。"

·和女王共餐·

美国总统尤利塞斯·S·格兰特在当总统之前，是战场上的英雄，但他却喜欢宁静平和的生活，用他的话来说，战场上的英勇是为了祖国。

这位总统的爱国精神十分让人敬佩，他教育子女说，不管你做什么，首先要尊重国家，其次才能尊重自己。

1877年，格兰特夫妇带着他们19岁的儿子杰西和美国的巴多将军一起去英国访问，维多利亚女王邀请他们到温莎城堡吃饭。

6月26日下午，他们一行来到城堡，被迎接到一套幽雅的房间。接着，内务大臣考成尔爵士来了，他不停地搓着手说："真不好意思，女王说杰西和巴多将军是不能到她身边就餐的！"

格兰特感到奇怪："我们都是你们请来的客人，为什么巴多和杰西不能和女王一同进餐呢？那你让他们去哪儿吃饭？"

考威尔依旧一脸抱歉的样子："已经安排好了，他们在另一间房间里和王室内臣一道吃饭。"

杰西一听这话，马上站了起来："如果不能和女王一道用餐，那我们就回去。"

考成尔面露难色："女王不是不请你们，而是因为晚餐规模大了，她应付不过来，所以她总是尽量安排小型的晚餐。这不算对你们的不尊重，就是英国首相和外国使节也不常和王室内臣一道进餐，除非特别受召，才能坐在女王餐桌边。"

杰西坚决不答应，考威尔实在没办法，只好去找女王商量。

考威尔走后，格兰特握住杰西的手说："杰西，你做得对，我支持你！他们这样做是对美国公民的不尊重。"

片刻工夫，考威尔回来了，他无奈地耸耸肩。

杰西一见这情况，马上转身下了楼，准备回去。考威尔爵士简直要疯了，他一把拉住杰西说："女王刚才出去散步了，我必须等她回来才能报告。"

这时，格兰特插话说："如果我处于杰西的位置，也会这样做的。"

考威尔说："求求你，再给我10分钟的时间，等女王一回来，我马上给你答复，一定让你满意！"

10分钟后，女王回来了，考威尔报告了刚才的情况，女王表示很乐意让杰西坐在她的身边。

杰西终于胜利了，格兰特一家和女王坐在了一起。虽然席间的交谈并不热烈，但格兰特一家还是非常愉快，因为他们护卫了自己的尊严。

·别小看服装·

　　詹姆斯·布坎南1791年出生，1868年去世，是美国的第15任总统。在他担任美国总统前，曾经出任过美国驻英国的外交官。

　　有一天，正在办公的布坎南收到美国国务院发布的一条通告，要求美国驻外官员不要佩戴丝带、珠宝以及金色绶带。布坎南看了后，可犯了难。他知道，美国政府下此通告是让外交官员们显得朴素大方，给别的国家留下好印象，但英国是个古老的国家，它要求在英的外交官必须穿英国的传统服装，否则不允许进入宫廷舞会和宴会。而那时英国的传统服装上都绣有丝带，甚至还有金色绶带。穿英国的传统服装，是对本国通告的不服从；不穿吧，又是对英国礼仪的不尊重，布坎南陷入了两难之中。

　　正在布坎南发愁的时候，有人进来报告，说是英国女王请他出席一场非常重要的大会。布坎南皱起了眉头，他打开衣柜，翻来翻去，找不到一件合适的衣服。

　　是像华盛顿总统那样，穿一身军服，还是穿一件纽扣上有美国鹰图案的蓝色平装外套？布坎南思前想后，直到大会开始，他还是没拿定主意。

　　在外交事务中，千万别小看了服装，它代表着一个国家的形象，搞不好还会因为服装引起外交纠纷。布坎南就记得，曾经有一位驻外外交家穿了一种颜色的衣服，结果这种颜色是所在国忌讳的，所以这个外交家在他出使的国家里，根本不受欢迎。

　　布坎南没去成大会。第二天，英国大小报纸都报道了关于布坎南的消息，英国人纷纷谴责美国，说布坎南不去参加大会，是把英国不放在眼里，是对英国的不尊重，是美国的无礼。反正各种议论都有，弄得布坎南焦头烂额。

到底穿什么衣服，这事得赶快想好，否则真的不好办。布坎南找来一名专门做英国传统服装的裁缝，请他出主意。最后，终于有了一个办法。

这天，英国女王要接见布坎南，布坎南一身朴素的打扮，和往常不同的是手上多了一把黑柄礼服佩剑。因为那名裁缝告诉他，在英国穿着朴素的话只要带上这样一支佩剑就行了。

布坎南用眼睛扫了扫女王身边的大臣，竟没人对他这身打扮投以异样的目光，他知道自己成功了。

女王看见布坎南的打扮，露出了一丝狡黠而仁慈的目光，布坎南从这目光中读到了一种默许。

·欲进则退·

美国早在1880年就想开辟一条连贯大西洋和太平洋的运河，但是法国很早以前就与哥伦比亚签订了一个合同，要在哥伦比亚的巴拿马城境内开一条连通大西洋和太平洋的运河，美国人晚了一步。

正在美国人准备放弃的时候，机会来了。美国总统富兰克林·德拉诺·罗斯福这天打开报纸，一条消息吸引了他，法国开凿运河的公司由于资金短缺，陷入了窘境。罗斯福一阵欣喜，他知道法国这家公司肯定会找上门来，把这项开凿运河的权利卖掉，不管从哪方面来讲，只有美国有实力买下这项工程。

罗斯福马上找到了美国海峡运河委员会的官员，向他打听了具体情况，那名官员告诉罗斯福，法国人的确找上门了，他们准备买下这项工程。

罗斯福一听急了，忙说："别急着买，否则我们会吃大亏的。"官员露出了疑惑不解的神色。

罗斯福继续说道："你赶快回去，打一份报告给我，证明在尼加拉瓜开运河省钱。"

这名官员按照罗斯福的吩咐，打了一份报告，报告称在尼加拉瓜开运河的全部费用不到两亿美元，在巴拿马开运河的直接费用虽然只有一亿多美元，但另外要付出一笔收买法国公司的费用，这样，开凿巴拿马运河的全部支出将达到两亿五千万美元。

看了这份报告后，罗斯福下令，不准美国人买下这项工程，并且让报纸大肆宣传，说美国正准备和尼加拉瓜政府商谈关于开凿运河之事。

　　法国方面一听到这个消息，立即傻了眼，如果美国不在巴拿马开运河，法国不是一分钱也收不回了吗？坚决不能让美国人同尼加拉瓜签下合同。法国方面通过多方面游说，表示法国公司愿意砍价，只要四千万美元就行了。

　　法国人的自动砍价，正中罗斯福的下怀，本来要花掉一亿多，而现在省下了六千万美元。

　　紧接着，罗斯福又指使国会通过一个法案，规定美国如果在适当时期内同哥伦比亚政府达成协议，将选择巴拿马运河，否则美国选择尼加拉瓜运河。

　　罗斯福的这一招，让哥伦比亚政府也坐不住了，哥伦比亚驻华盛顿大使马上找到了美国国务卿，签订了一项卖国条约，同意以一千万美元的代价长期租给美国两岸各宽三英里的运河区，美国每年另付十万美元。

　　罗斯福采取欲进则退的方法，以很低的价格，就拿到了开凿运河的工程，占了一个大便宜。

·使馆里的窃听器·

威廉·霍华德·塔夫脱1857年出生，1930年逝世，于1909年至1913年间担任美国第27任总统。

就任总统前，塔夫脱曾经被派到一个国家去做大使。这天，他和使馆的工作人员正在谈论问题，忽然，塔夫脱的视线被前方原来放书架的墙面吸引，原来他看见墙上有一个白点。塔夫脱起身，走到白点前，用手轻轻碰碰白点，白点竟会活动，再仔细看看，这根本不是白点，而是一截细而短的管子。塔夫脱用手拉拉管子，管子被拉出了一小段，一松手竟又缩回去了，往墙里面按按，管子收进去后，又出来了。

塔夫脱的心一下缩了起来，他的行动引起了大家的注意，塔夫脱示意大家别出声，然后，把所有的人带到了一个非常保密的地方，才开腔："看样子，这肯定是窃听器！我们必须好好处理这个问题，否则会对美国造成危害。"

众人都点了点头，有窃听器的房间是使馆人员聚集的地方，大家在这里无话不谈，显然，谈话都通过这根管子被送到了情报站。

商量来商量去，大家决定晚上把窃听器拆除。

已经深夜12点了，塔夫脱带着几个人，手持铁锤、凿子等工具，悄悄来到了有窃听器的房间。

为了防止暴露目标，尽量不让声音传出去，塔夫脱挥挥手，示意大家把门窗都关好，灯也灭掉，然后摸黑开始行动起来。

使馆的墙又厚又结实，过了一个小时，他们才凿了不到一尺，窃听器还没有露出来。

尽管塔夫脱采用了一些方法，可凿墙的声音还是传了出去，并且引起了一些人的注意。

大约在两点的时候，使馆周围出现了几个身着便衣的家伙，他们围着使馆转悠开了，并且爬上了对面楼的屋顶，向这边张望。更令人感到不安的是，隔壁也开始凿墙了。塔夫脱手心出汗了，他明白，对方想赶在他们之前取出窃听器，到那时，就可以不承认了。

双方各自都使出了全身力气，拼命抢进度。塔夫脱皱着眉头，催促着大家："快点，再快点！"

只听"哗啦"一声，墙砖掉了一大片，一个小方盒露出来了，塔夫脱猛扑过去，双手将盒子拿了过来。

塔夫脱胜利了。按照国际法则，大使馆神圣不受侵犯，现在塔夫脱把对方违法的证据掌握在手，他准备开始下一步行动了，那就是讨回公道！

·胡佛发火了·

赫伯特·胡佛在担任美国总统前当过矿业工程师。任总统期间，他以智力超群、办事效率高和为人善良而久负盛名，凡是认识胡佛的人都说，要想惹胡佛生气是件很难的事。

但是，还真有人把胡佛给惹火了。

德国潜艇击沉了比利时的救济船只，这件事在世界各国引起了众怒，各国纷纷谴责德国，比利时也提出了抗议。

胡佛得知此事后，马上召见德国驻美国大使，对德国的强盗行为表示极大愤慨。胡佛的随从记得胡佛这天没有好好吃东西，一个人在房间里走来走去，谁也不睬，只是嘴里不停地念叨着："怎么能这样，怎么能这样，我要找德国人好好谈谈！"

德国大使来了。正常的礼节过后，胡佛往沙发上一靠，半天不说一句话。

德国大使被弄得不知如何才好，他也明白在击沉比利时救济船这件事上，德国是没有道理的。好半天，他才开口说："阁下，我向您保证，这只是一个意外，而且以后再也不会发生了！"

胡佛哼了一声："意外？以后再也不会发生了？"

见还不能得到胡佛的谅解，德国大使耸耸肩，双方陷入了僵局。

又过了许久，胡佛起身，对德国人说："你说意外，万一我们美国的船只也遇到了这个意外怎么办？"

德国大使说："我想美国船只不可能遇到这种事。"

胡佛太阳穴上的青筋直跳，在房间里走来走去，突然他一转身，又大声说道："阁下，从前，有人被一条狂叫的狗咬了一口，他找到狗的主人，请求给狗拴上根绳子，而狗的主人同你的态度一样，他说不必了，狗再也不会咬人了。被咬的人说：'我希望是这样，可事实是，你知道这条狗不再咬我，我也知道这条狗不再咬我，可这条狗呢，它知道吗？'"

德国大使也生气了，他猛地起身，不无调侃地说道："噢，胡佛先生，这样好了，我去给那条狗打个电话，告诉它，让它知道！"说完，德国大使扬长而去。

这次会见没谈出什么结果，但胡佛总统却前所未有地痛痛快快地发了一通脾气。

·和魔鬼谈判·

　　许多人对洛斯查尔斯家族可能并不陌生，因为他们是奥地利最大的财团，事业一直兴旺发达。可有谁知道，这个大家庭的财产曾在第二次世界大战时，差点被法西斯头子希特勒占为己有。

　　1933年，希特勒成立了第三帝国，并明显地暴露出吞并奥地利的野心。希特勒是一个狂热的反犹太主义者，所以奥地利的犹太人纷纷四处逃亡，而洛斯查尔斯家族的成员全是犹太人，他们也开始有计划地撤离。家族中的一员路易·拿撒索尔男爵为了保护家族的财产免遭纳粹吞没，他选择了留在维也纳。

　　等拿撒索尔男爵从容不迫地将家族里的事宜安排好后，刚想离开，德军便占领了奥地利，并将他抓了起来，交给了希特勒。德国人都知道，这个拿撒索尔男爵就是打开洛斯查尔斯家族金库大门的钥匙。

　　果然，希特勒见到拿撒索尔男爵后，心里便打起了如意算盘。他企图用男爵来夺取洛斯查尔斯家族在奥地利的资产和特权。

　　男爵被捕的消息很快就传到洛斯查尔斯家族那里。正当他们准备去搭救男爵时，希特勒已派人捎来话，说他们只要放弃在奥地利的一半财产，再加上他们所持有的维克威兹公司的全部股权，就释放拿撒索尔。

　　看来，希特勒在提条件前，已彻底摸清了洛斯查尔斯家族的情况，因为那个维克威兹公司位于捷克，而且是全中欧最大的煤矿和制铁联合企业。如果答应希特勒，就等于家族对外宣布，自己将全面破产。

这个消息并没使洛斯查尔斯家族惊慌失措，反而人人都松了口气。因为早在两年前，他们就预料到可能会有这么一天，便把维克威兹公司的股权移至英国保险公司的名义下。这一切，进行得非常隐秘，除了家族里的人，外面谁也不知道。而英国的那家保险公司实际上正是洛斯查尔斯家族自己开设的。

于是，经过一番讨论，洛斯查尔斯家族决定派人去同希特勒谈判，逼他释放拿撒尔男爵。

希特勒自以为持有人质，万事都好办，却万万没料到洛斯查尔斯家族会派人同他来谈判。为了让自己的阴谋得逞，他只得同洛斯查尔斯家族的人一起坐到了谈判桌上。

谈判开始了，洛斯查尔斯家族的代表一上来便气势逼人，对赎金的事寸步不让。到最后，他们向希特勒开出了条件，就是等拿撒尔男爵获释后，可以以300万英镑的价钱，让出维克威兹公司的管理权。

希特勒听后暴跳如雷，没想到竟敢有人伸手向他要钱！

洛斯查尔斯家族的代表毫不示弱。他们明白，若一遇威胁就屈服投降，那么无论有多少条性命都是不够赔的。

希特勒当然更是强硬，双方就这样针锋相对地僵持了很久。最后，希特勒一怒之下，当场宣布：停止同洛斯查尔斯家族的谈判，命令军队入侵捷克，强占维克威兹公司。

当德国军队开进捷克后，希特勒才如梦初醒，方知这个维克威兹公司早已处在了英国的保护伞下。当时希特勒还不想得罪英国，只得再找来洛斯查尔斯家族的人，就赎金的问题又重新谈判。谈判的结果，还是以洛斯查尔斯家族提出的条件为准，希特勒以出290万英镑的代价收购维克威兹公司，另外加上洛斯查尔斯家族在奥地利的一半财产，但他必须要保证拿撒尔男爵安全抵达瑞士，协议才能生效。

希特勒是哑巴吃黄连——有苦说不出，只得答应了。洛斯查尔斯家族的人终于以自己过人的胆识和外交手腕，赢了这一局。

·打破僵局·

美国总统罗斯福在美国人的心中，有着很高的地位，大家都认为他有着完美、杰出的政治品质。

美国加入第二次世界大战后，很多国际事务罗斯福都喜欢一个人处理，而且他还是第一位周游世界去参加各种会议的总统，罗斯福喜欢和其他的外国首脑进行面对面的交流，他觉得这对于他是一种挑战。

1943年，罗斯福飞往德黑兰参加一个会议，参加这次会议的还有英国首相丘吉尔和苏联领袖斯大林。罗斯福早就知道斯大林这个人了，他听说斯大林是个怪人，倔强、严肃、冷漠。罗斯福不大相信这些，他想自己必须同这个怪物聊聊，看看他到底是怎样的一个人。

果然和别人所说的一样，和斯大林的谈话没滋没味，对于很多问题，斯大林一言不发，让人无法交谈下去。为了打破这种僵局，罗斯福费尽了心思，但仍没有突破。老计策对于斯大林是行不通的，罗斯福决定改变方法。

第四天，三人又要进行会谈。在谈判前，罗斯福找到了丘吉尔，友好地对他说："丘吉尔先生，我马上要去做一件有趣的事，希望您不要生气，这纯属玩笑。"

丘吉尔听了罗斯福的话，觉得莫名其妙，他倒想看看罗斯福要演什么戏。

罗斯福坐到了斯大林的身边，故意把距离拉得很近，完全像两个老朋友在亲密交谈。不过，不管罗斯福怎么说，斯大林依旧一言不发，只是脸上的严肃稍稍松懈了几分。罗斯福并没谈任何新鲜话题，这些话全部是以前讲过的。

其他的苏联人以为罗斯福在讲悄悄话，有的伸出脑袋，也想听个究竟，有的竟跑到边上来了。罗斯福有些得意，他的举动变得更加亲密和偷偷摸摸，丘吉尔不知怎么了，就瞪大了眼睛。罗斯福还朝丘吉尔挤了两下眼睛。

斯大林还是像泥雕那样，没任何反应。

罗斯福干脆把手握成听筒状，附在斯大林的耳边，用轻得只有两个人才能听到的声音说："喂，你看对面那个小老头，矮墩墩的样子，还叨个烟斗，像来表演的小丑，我敢打赌，他昨天晚上一定是做噩梦了，没睡好！"

斯大林有反应了，他轻微地咧了咧嘴角。

罗斯福一瞧，计策开始奏效，就加紧了攻势："在某些方面，我不太喜欢这些英国人，外表故意摆出一副绅士的样子，给人感觉好像是头悠闲自得的老牛！不信，你看看坐在对面的丘吉尔，虽然像个绅士，坏毛病却一大堆。"

坐在对面的丘吉尔知道两个人在议论自己，脸有些红了，眉毛也皱了起来，他越来越觉得尴尬，变得有些手足无措。

丘吉尔越是这样，斯大林越想笑，终于，斯大林再也控制不住，开怀大笑起来。

这是几天来罗斯福第一次见到斯大林的笑容。

罗斯福成功了，他继续运用这个计策，直到两个人的笑声交融到了一起，而同时，罗斯福还用上了斯大林的昵称，斯大林丝毫没有介意，要是在前一天，罗斯福这样的话，斯大林会觉得罗斯福太放肆。

下一次见面时，斯大林见到了罗斯福，他一改往日的傲慢冷漠，主动上前握住了罗斯福的手。

·总统装糊涂·

太平洋战争爆发后，日本海军在海上称王称霸。他们制定了详细的作战计划，要与美国海军在中途岛进行决战。

战前，美国的一个特别小组已经成功地破译了日本人的密码，得到了日军海上作战部署的确切情报。这样他们便对日本海军暗中进行的一切了如指掌。美军将计就计，根据截获的情报，暗中部署自己的军舰。

美国总统罗斯福也知道所有的情况，他想这场海战美军是必胜无疑了。

这天早上，罗斯福像往常一样来到办公室。秘书已经把今天的报纸全部送了过来，罗斯福打开报纸翻看起来，这么多报纸，他只看头版，以了解国内外发生的大事。

突然，罗斯福的眼睛盯在一份报纸上不动了。这张报纸竟在显著的位置登了一条消息，说是美国人破译了日本人的海军作战密码。

罗斯福朝椅子上一躺，浑身无力，他简直不相信这是真的。这些新闻记者太可怕了，这可是军事机密，他们从哪儿得到这些消息的？如果日本人也看到了这张报纸，知道自己的密码被破译，便会引起警觉，那美国海军所有的部署将会全部落空。

罗斯福正在考虑挽救办法的时候，国务卿气冲冲地来了。他一见罗斯福，就把这张报纸在桌上重重一拍："这是怎么回事？得快些查出是谁泄了密。"

罗斯福叹了口气，说："现在查，可能晚了，日本人一定也会看到这张报纸。当务之急，不是查找泄密的人，而是找一个挽救的办法！"

国务卿冷笑了两声："挽救？我看可能性不大，日本人得到消息后，会马上改变密码，重新部署作战计划！"

罗斯福起身，在房间里来回走了几步："日本人如果重新改变密码和计划，这需要时间，而且战争就要开始了，他们改变计划会对自己不利。"

国务卿说："那您看怎么办？"

罗斯福说："现在最为可行的办法，依我看，就是装糊涂，把日本人蒙混过去！"

国务卿也只好耸耸肩："希望如此！"

日本人的确看到了这份报纸，并且引起很大的恐慌，他们并没有马上更改计划和密码，而是来了个静观其变，并且紧张地打听消息。

几天后，日本人了解到罗斯福并没有对这事儿进行追查。罗斯福的"糊涂"，使日本人也糊涂起来，他们怀疑，难道美军破译密码之说是谣传吗？时间一长，日本人确信，报纸上的消息是美国人玩的花招。因此，一直到进攻开始，他们都没更换密码，结果使美军在中途岛战役中得了个大便宜。

·徒有虚名的国务卿·

霍浦金斯是美国总统罗斯福的助手，可别小瞧了这个助手，他可是罗斯福的亲密战友，深得罗斯福的信任，是总统的私人外交官。

在罗斯福连任总统的期间内，科德尔·赫尔也连任国务卿多年。在美国，国务卿相当于外交部长，是专门负责外交事务的。可科德尔·赫尔只得到了总统的尊重而失去了信任，罗斯福一直不愿把外交大权交给他，而把实权交给了霍浦金斯。

这天，霍浦金斯向罗斯福递交了一份文件，请他签字，再转交给国务卿赫尔。罗斯福笑着说："我看不必交给赫尔，他们这些职业外交官只会耍耍嘴皮子，并不能做什么事。"

正巧赫尔走了进来，他听见了罗斯福的话，满脸通红，只好装作什么也没听见。罗斯福指着赫尔说："霍浦金斯，你看看这位外交官，听到对他的评价，却一句话也说不出来，简直是没用。"

赫尔憋着一肚子气，但也没有办法，只好悻悻地走了。回到家后，他把自己关在书房里一个人生闷气。

这时，霍浦金斯来了，赫尔把对总统的怨气全部发泄在霍浦金斯身上。霍浦金斯笑眯眯地听完后，劝说道："罗斯福总统可能有他不对的地方，但他毕竟是总统，我希望您不要生气，否则让别的国家看出来，会在这件事上做文章。"两人进行了长时间的交谈，最后赫尔同意了霍浦金斯的看法。

当时，租借法案是美国和其他盟国关系的关键，罗斯福又再次撇开了赫尔，让霍浦金斯担任租借法案的执行人，驻华盛顿的外交官纷纷绕过美国国务卿，直接同霍浦金斯打交道。

　　对于这一切，赫尔全看在眼里，但他一点儿办法也没有。霍浦金斯了解到赫尔心里非常难受，于是他常把一些不重要的文件副本送给赫尔，上面礼貌地写着"请您参考"，其实这只不过是给赫尔自尊心的小小安慰。

　　赫尔身为国务卿，但却是徒有虚名，坐在冷板凳上，他只能自怨自艾。每当怒火中烧时，便粗暴地骂娘。为什么罗斯福这样对待赫尔呢？原因很简单，罗斯福希望下属主动地向他陈述各种意见，如果有谁始终保持沉默，他就把他扔在一边，而赫尔正是因为这样才受到如此冷遇的。

·"告诉他在哪里签！"·

美国将军麦克阿瑟生于1880年，1964年离开人世。二战结束后，他曾经以"盟军最高司令官"的名义，执行美国单独占领日本的任务，并于1950年担任联合国军总司令。

1945年8月15日，第二次世界大战战败国日本正式宣布投降，就在这一天，麦克阿瑟被任命为盟军最高司令。9月2日，他代表盟国主持了日本投降仪式。

早晨5点，日本代表团起程了，担任日本代表团首领的是外务相重光葵。十几年前，重光葵的腿被炸断，他支撑着这条假腿，戴着礼帽，穿着黑衣服，表情沉重地站在船头。

8点55分，日本船只靠上了盟军的军舰。重光葵拖着假腿，吃力地爬上盟军的军舰。面对强大的对手，重光葵面部表情呆滞，看着对方伸出的手，他先是缩回手，过了一会儿才和对方握手。

麦克阿瑟知道重光葵来了，他谈笑风生地从甲板上走了下来，穿着军便服，胸前也没有戴胸章。

麦克阿瑟没有表示任何礼节，就径直走向了话筒，从口袋里掏出一份发言稿，两手微微颤抖着，他念道："我们主要交战国的代表，聚集到这里来缔结一项庄严的协定，使和平得以恢复，不同理想和观念的争端已经在世界战场上决定——要在这里提出和接受的日本帝国武装部队的投降条款，都记在你们面前的投降文件中。"

说完这些，麦克阿瑟朝重光葵点点头，重光葵表情沉重地走向了放着投降书的桌子。这时，所有在场的人都看见重光葵的腿一抖，好像没有站稳，他的随从想上来扶他，重光葵摆了摆手。

坐在桌前，重光葵胡乱地摸弄起他的手杖、手套和帽子。

盟军的将军哈尔西以为重光葵是在拖延时间，就愤怒地冲他喊："签，混蛋，给我签！"

麦克阿瑟知道对方有些手足无措，他的话语像射出的子弹一样："告诉他在哪里签！"

日本人签完字，轮到战胜国签字。麦克阿瑟坐下来，从口袋里抽出五支钢笔，用它们签下自己的名字，随后，他将其中的四支笔送给了盟军的几位高级长官，另一支留给了妻子。

早晨9点25分，麦克阿瑟用缓慢的语调宣布仪式结束。整个仪式只用了18分钟。

·"我要求你辞职！"·

　　哈里·S·杜鲁门1884年出生，1972年离世。他接替富兰克林·罗斯福总统成为美国的第33任总统，后来又连任了一届。

　　在当时的美国政府中，杜鲁门对商务部长华莱士一直是非常尊重的。华莱士担任了8年农业部长，又当过副总统，从很多方面来讲，他都是杜鲁门的前辈。

　　1946年，杜鲁门任命史密斯为驻苏联大使。史密斯上任前，华莱士当着杜鲁门的面找史密斯谈了一次话，教史密斯如何执行外交政策。一旁的杜鲁门听得眉头直皱，这位华莱士怎么啦，这岂不是越级扮演了总统和国务卿的双重角色？事后，杜鲁门讲了华莱士几句，就把这事儿忘了，没料几天后，华莱士竟写了封信给杜鲁门，阐述他对美苏关系的意见。

　　想到华莱士那么大的年龄了，还想插手外交方面的事，杜鲁门便觉得很好笑，他让人都不要理睬华莱士。

　　华莱士并没因此收敛，他仍然热衷于外交事务。他写了封长信给杜鲁门，直接批评了美国的外交政策。一个多月后，华莱士又到白宫会见杜鲁门，表示将在纽约发表演说。杜鲁门接过华莱士递来的演讲稿，扫了几眼，也没太在意里面说了些什么。

　　华莱士演讲结束的第二天，便有许多外交人士纷纷找上门来，求见杜鲁门，询问美国的外交政策是否已经改弦易辙。杜鲁门感到十分奇怪，大声斥问道："谁在外面乱说？"

　　原来，问题出在华莱士的演讲上，华莱士在演讲中宣称自己不反英，也不亲英；不反俄，也不亲俄。最后，他竟又补充了一句："杜鲁门总统读了上面那些话之后说，这些话体现了本政府的政策。"

"胡扯！这简直就是胡说八道！"杜鲁门气愤地说："你们别听这个家伙的话，他有什么资格代表美国政府！"

这一次，杜鲁门依旧对华莱士采取了忍让的态度，可华莱士竟把他写给总统的信公开发表了。杜鲁门大为恼火，把华莱士找来，谈了两个多小时的话，最后达成一项口头协议：在巴黎四外长会议结束前，华莱士不再发表有关外交政策的演说或谈话。谁料到，华莱士一回去，马上就把和总统的谈话内容讲了出去。

杜鲁门这次真的火了，他再次把华莱士召来，直截了当地说："抱歉，我得出的结论是，最好还是由我要求你辞职！"两个小时后，杜鲁门在记者招待会上宣布："华莱士已辞去内阁职务，事件已经很清楚，他对外交政策的见解和政府的观点存在着根本冲突。"

·贤内助·

1890年出生的德怀特·戴维·艾森豪威尔是个军人，他于1953年到1961年担任美国总统，1969年去世。

艾森豪威尔有个好妻子——梅米，她的哲学就是永远把丈夫推向舞台中央。在公众场合，梅米始终以艾森豪威尔为中心，甘愿充当配角。她时常对人们说："我的丈夫指挥战争，管理国家，而我只是煎煎羊排就满足了！"梅米是这么说的，也是这么做的。为了让艾森豪威尔在公众中保持良好的形象，梅米总是为他出谋划策，尤其是总统的演讲活动。

有一回，艾森豪威尔访问一个国家，并且要在一所名牌大学演讲。艾森豪威尔带着妻子登上了火车。刚上火车，梅米就说："我想听听你明天要讲的内容。"

艾森豪威尔得意地从口袋里拿出演讲稿，大声地念了起来。

梅米全神贯注地听着，她不停地摇着头，好像对艾森豪威尔的演讲十分不满意。终于她坐不住了，打断了艾森豪威尔的朗读："你不能讲这种话，你现在所讲的东西都代表美国的形象。"

兴致正高的艾森豪威尔朝车厢望望，兴趣马上就少了一半，他停了一下又往下念。不一会儿，梅米又插嘴说："你这哪里是在演讲，好像是在说一个学术问题，一点儿色彩都没有。"

艾森豪威尔彻底生气了，他把讲稿扔在地上，"砰"地关上门，走了。那次演讲，艾森豪威尔再也没用那份演讲稿，但是他的演讲却获得了极大的成功，当地的报纸评论说，艾森豪威尔有着极好的口才，绝对是位优秀的外交家。

　　1965年，艾森豪威尔被邀请在丘吉尔的葬礼上发表演说。和以往一样，他照例先要讲给妻子听听。

　　艾森豪威尔表情沉重地站在妻子面前，好像他现在就站在了圣保罗大教堂里。他调动了全部感情，声情并茂，没有一点儿停顿地讲完了自己心里所有的话。然后静静地站在那儿，等待着梅米的意见。

　　好半天，梅米没说一句话，她从口袋里掏出手帕，在眼角轻轻地擦了擦，然后，她激动地站起来，抱住艾森豪威尔："就这样讲下去，一个字也不要动，我相信每个人都会流泪的。"

·导弹危机·

1917年出生的肯尼迪，1963年遇刺身亡。在他担任总统的几年中，推行称霸世界的全球战略，并建立"和平队"，实行所谓的"灵活反应"战略。

1961年到1962年，随着美国和苏联关系的亲密化，苏联部长会议主席赫鲁晓夫就想在古巴部署苏联导弹，其目的是把导弹作为向美国施加压力的手段与美国谈判。

美国当然不答应。1962年，赫鲁晓夫开始向古巴运送导弹。肯尼迪向赫鲁晓夫提出了强烈抗议，在电话的这一头，赫鲁晓夫笑着说："苏联不会对美国做出什么有危害的事，这是纯属防务性的导弹基地。"

肯尼迪大怒："什么，我们拍的照片告诉我们，从这个导弹基地上可以打击和摧毁美国的任何城市，如果你们不拆除导弹发射设施，我们会坚决消灭它的。"

肯尼迪和赫鲁晓夫的谈话陷入了僵局，同时双方的军队都开始积极准备战斗。这一来，美国乱成了一片，人们纷纷争购饼干等食品，武器店里的枪支也开始畅销起来。

肯尼迪马上召开了政府官员会议，商讨此事。大家七嘴八舌，议论纷纷。有人说要和苏联开战；有人说要对苏联的大城市进行空袭；有人说应该向联合国申诉。反正，各种观点都有。

听完了大家的议论，肯尼迪说："最重要的是我们如何控制事态的发展，以便于采取其他政治的和军事的行动。依我看，最为可行的办法是对古巴实行封锁，虽然这要冒一定风险，但对于苏联来说，是一种强大的压力。"

10月22日晚7时，肯尼迪总统发表电视演说，宣布对古巴实行封锁。

赫鲁晓夫没料到肯尼迪如此强硬，他加快了向古巴运送导弹设施的速度。与此同时，美国舰队进入封锁区，拦截进入古巴的船只。美国军舰选定了"马卢克拉"号船，强行上船检查。选择这艘船，肯尼迪有一定的目的，因为这是一艘美国造的、由苏联租用的船只，而且肯尼迪也知道船上不会有什么问题。他之所以这么做，是为了向苏联施加压力，同时，还给苏联留点儿面子，不至于把事情闹大。

肯尼迪的强硬让赫鲁晓夫没有别的选择，只有撤走导弹，来换取美国不再入侵古巴的承诺。

肯尼迪胜利了，他采取了"以不妨害苏联国家安全或使它丢脸"的办法，并且私下答应苏联，美国会撤走在土耳其的导弹，如此一来，在外交上，肯尼迪达到了自己的目的。

·假造声势·

20世纪70年代，美、苏两个超级大国为了各自的目的，进行军备竞赛。他们一方面指责对方，一方面各自暗中动作，企图压倒对方。

1971年，美国国家安全事务助理亨利·基辛格访问苏联，和苏联的最高领导人勃列日涅夫进行了会谈。

基辛格当场指责勃列日涅夫所领导的苏联不仅没有减少军队，而且还在积极备战，给世界和平带来了危机。

勃列日涅夫当仁不让地反驳基辛格："那美国又怎么样，到处想当世界警察，你们又给世界带来多少和平？"

双方在军备控制协议的问题上唇枪舌剑，美国让苏联让步，苏联让美国妥协，争来争去，各不相让。

整个会议室都让人感觉温度在升高，甚至两人还有打起来的可能。突然，勃列日涅夫仰天长叹了一声，他伸出手捂住了自己的脸。

基辛格停止了争吵，他奇怪地看着勃列日涅夫。

许久，勃列日涅夫才说话："别看我是苏联的总书记，但是有很多问题并不能按我的意愿去办。"

基辛格瞪大了眼睛望着勃列日涅夫，那神情像是在问，一个国家的领袖还有谁敢左右？

"您不知道，"勃列日涅夫站起来，在房里走了两圈，"我们苏联政府内部有很多强硬派，而且意见不一致。我非常想在军备控制方面作出让步，但是我遇到的阻力太大了，如果我退让，反对派就会攻击我。现在，我虽然坐在这儿和您谈话，那些强硬派就在门外，看我怎么办。如果阁下同意的话，我先出去一会儿，和他们商量一下，再给您答复。"

　　说完，勃列日涅夫离开了会议室，他在外面转了一圈，过了十几分钟又回来了。他无可奈何地朝基辛格摊开手："没办法，这些人都不同意我让步。我想，我们俩是好朋友，你们美国不要给我太大的压力，否则，那些强硬派就会反对我，这对你们来说，事情就更难办。美国方面应该为我考虑考虑，你们也该主动地有一些让步的表示，帮我战胜那些强硬派，您说对不对？"

　　一听这话，基辛格像掉到了冰窟里，他不好再讲什么，只好点头，以下的谈判都向着有利于苏联方面的意愿发展了。

·国务卿生病了·

美国国务卿基辛格出生于德国，是犹太人后裔，后移居美国。在他任国务卿期间，主管美国的外交事务。在一系列外交问题上，基辛格为美国解决了许多难题，尤其是在恢复和改善中美两国关系上作出了重要贡献。

1971年，中国政府向尼克松发出了友好的访问邀请，尼克松高兴地答应了。他派出基辛格博士来华作一次秘密的预备性会谈，为自己的正式访问做准备工作。

由于一切是秘密的，基辛格离开华盛顿后，在越南的西贡活动了三天，到曼谷停留了一天，最后，他来到了巴基斯坦。一到巴基斯坦，基辛格便被新闻记者围住了，对于记者们提的问题，基辛格总是认真地回答。这时一名记者问起了中美两国的关系问题，基辛格沉默了一会儿，说："美国希望和中国进行友好往来，我相信这个时间不会远了！"

晚上，巴基斯坦总统叶海亚宴请了基辛格，在宴席上，双方进行了友好交谈。突然，基辛格捂住肚子，痛苦地呻吟起来。

宴席上的来宾忙着帮基辛格去找医生。

基辛格摆了摆手，示意大家别管他："我没事，肯定是不适应这儿的气候，我想休息两天就好了！"

巴基斯坦总统站了起来，大声宣布说："这都怪伊斯兰堡的天气，温度太高，影响了基辛格博士的健康。这样吧，基辛格博士干脆去那蒂亚加利的总统别墅休息休息。"

基辛格点了点头。其实这一切都是故意安排好的，基辛格的肚子疼是装出来的，只有这样，他才有时间去中国，而且不被人知道。

基辛格被人搀扶出去了，他一到别墅，马上给中国政府打了个电话，说自己明天上午到。

第二天，基辛格乘上巴基斯坦的飞机直飞北京。当天12点到达北京南苑机场。周恩来总理派叶剑英、黄华、熊向晖等到机场迎接。而这时，巴基斯坦的报纸上则登出了一条消息，说基辛格博士生病了，目前正在治疗中。

在北京，基辛格博士同周恩来总理进行了友好交谈。基辛格笑着说："全球的趋势使我们相遇在这里，今天我为自己能来到中国这神秘而美丽的国家而感到十分荣幸！"接着基辛格博士说了自己昨天的经历，周总理也露出了会心的微笑。

·尼克松设骗局·

尼克松当选为美国总统后，想改变和中国相互敌对的关系。美国政府在宣布尼克松访华的消息后，下一步的行动就是帮助中国加入联合国。最让尼克松头痛的就是台湾问题，台湾是联合国的成员，而在过去的20年中，美国一直阻止中国加入联合国，如果这次中国要加入联合国的话，那就要把台湾从联合国给赶出去，否则中国是不会加入联合国的。

1971年的10月，按照尼克松总统的安排，美国国务卿基辛格飞抵了北京，他私下里对周恩来总理说："这次，我代表尼克松总统向总理保证，我们会想尽一切办法让中国加入联合国。"

周恩来总理点点头，说："我们只有一个要求，要是台湾还是联合国成员的话，我们拒绝加入。"

基辛格坚定地说："我可以向你保证！美国既然想和中国增进友谊，那绝对不会做错事。"

在联合国大会投票选举之前，尼克松找到了当时美国新任联合国代表的布什，说："美国依旧是一贯的做法，台湾保留在联大的会员资格议案，但是中国这次肯定也想加入联合国，我不想把问题弄得太复杂，最后把中国和台湾都得罪了。我想了个折中的办法，应该是'一中一台'。"

布什根本不知道尼克松所采取的"骗局"，既支持中国加入安理会和联合国，又假装反对将台湾赶出联合国。

遵照尼克松的命令，布什开始了工作，争取联合国大会通过主张中、台双方都有会员国资格的方案。这种情况下，提出"两个中国"

显然是不合时宜的。因此，联合国大会在投票的时候，非常有可能把台湾从联合国大会剔除出去。尼克松和基辛格很清楚这一点，他们并不向布什说明，布什依旧在鼓吹"一中一台"的议案，外界的人都以为美国很真诚地维护台湾的地位。

联合国投票开始了，果然和尼克松想的一样，美国未能使主张保留台湾在联合国大会席位的议案获得通过。于是，尼克松把头一扭，站到了中国的立场，同意让中国获得在联合国大会的会员资格。

中华人民共和国正式回到了国际社会，中美之间多年的敌对关系由此也有了大的改善。

·赶走使者·

汉尼拔是世界古代史上杰出的军事家和谋略家，他出生在突尼斯北部。

公元前3世纪，罗马和迦太基是地中海西部地区的两个强大的国家。汉尼拔在拥有了迦太基的兵权后，意识到罗马和迦太基的战争迟早要爆发。与其这样，不如自己先做准备，可是这必须得到本国政府的支持，而要得到政府的支持，只有罗马人先动手开战，才能使迦太基人感到不打仗不行。

汉尼拔找了个借口，于公元前219年，率领军队进攻了西班牙境内的萨干坦。萨干坦人是罗马人的同盟，他们在遭到汉尼拔的攻击后，马上派出使者向罗马求救。罗马人一听到这事，也非常着急，可当时罗马人内部非常不稳定，条件不允许同迦太基人打仗，为此，他们派出使者，去劝说汉尼拔停止进攻。

汉尼拔故意把接见罗马使者的仪式摆在了操练场上。罗马使者一看眼前的情景，心里不由寒了几分。汉尼拔听完罗马使者的要求后，面露难色："我也不想打仗，可是没有办法，这都是我手下的将军和士兵要求的，不相信您可以问问！"

说完，汉尼拔把脸转了过去，他对士兵们大声喊道："我们能不能现在撤退？"

士兵们异口同声地回答："不行！"

听到那震耳欲聋的回答，罗马使者吓得倒退了几步。无奈他只好转身就走。没走两步，汉尼拔就喊道："罗马的使者，为了您的个人安全，我建议您现在就离开此地，否则我无法保证您的安全！"

　　罗马使者在失望和恼怒中离开了，可他并不死心，又转到迦太基人的后方，去游说迦太基的政府——元老院。

　　汉尼拔料到了罗马使者会出此招，在罗马使者一离开军营后马上派出亲信赶在罗马使者的前面，向元老院陈述自己的意见，并争取到大多数元老们对他所采取行动的支持。

　　罗马使者赶到迦太基城后得到的回音使他们非常失望。"是萨干坦人先向我们动手，我们只不过是还击罢了。"元老院的元老们这样说。

　　罗马使者忙了许久，一点儿结果都没有，而此时汉尼拔的军队已经攻破萨干坦城，萨干坦人被迫投降。

　　公元前218年，罗马向迦太基宣战，汉尼拔梦寐以求的时刻终于来了。在长达十多年的时间里，汉尼拔率军深入敌国，横扫意大利，威震罗马，取得了辉煌的战绩。

·少年英才·

亚历山大是古代马其顿国的国王，同时也是历史上著名的政治家、军事家和谋略家，他在外交方面有极强的应变能力。

亚历山大的父亲曾带领着军队征服了许多部落，使马其顿成为巴尔干半岛上的霸主。父亲去世后，亚历山大登上了皇位，由于他年龄太小，那些曾经被征服的希腊城邦纷纷闹起了独立，他们根本不把亚历山大这个小孩子放在眼里。

这天，有位大臣来拜见亚历山大，并报告了一个消息，说是一个城邦在得知亚历山大上台的消息后，让城里所有的人都穿着节日的礼服，并且张灯结彩，庆祝亚历山大的父亲之死。

亚历山大气红了脸，他揪着自己的头发，狠狠地说了句："我会让这些人有好果子吃的！"

大臣问道："大王，难道你准备发兵？"

亚历山大哈哈大笑："我这个小孩子怎么有能力和别的国家打仗呢？你出去不管见了什么人，都说我是乳臭未干，肯定什么事也做不了！"

在接见了这位大臣后，亚历山大又找来好些使臣，让他们也同样出去放口风。这样一来，那些城邦对亚历山大更加没有防备心了。同时，亚历山大开始加紧对军队的操练，而且这都是在极其秘密的情况下进行的。

终于有一天，亚历山大出兵了，他带领大军直插底比利斯，底比利斯的军队还没反应过来是怎么回事，就被击得落花流水，没有丝毫抵抗能力。

　　亚历山大焚烧底比利斯的消息迅速在其他城邦传开了。所有听到这个消息的人都瞠目结舌，不敢相信自己的耳朵。在确认了这一切后，他们又马上派出使者，恳求宽恕。

　　亚历山大望着台阶下站立的使者，笑眯眯地看了他们好一会儿，才发话："你们不是说我是小孩子吗？现在你们见识到小孩子的本事了吧。"

　　台阶下的使者浑身发抖，他们生怕亚历山大下令杀了他们，于是连连赔礼。

　　亚历山大平定了一下内心激动的情绪："这事我也不怪你们，你们放心，回去可以给你们的国君带个消息，说马其顿国永远是大家的朋友！"亚历山大安抚了希腊各国，希腊各国的国君也对亚历山大转变了态度。

　　在做好周围各国的安抚工作后，亚历山大没了后顾之忧。他于公元前334年，率师渡过赫斯滂海峡，开始了10年的东征。在亚历山大短短的13年执政期间，他东征西讨，建立了一个横跨欧亚大陆、领土空前辽阔的马其顿王国。

·两面三刀·

梅特涅是19世纪活跃于欧洲外交舞台上的风云人物，身为奥地利的外交大臣和首相，他凭着杰出的外交才干，周旋于各大国之间，最大限度地维护着奥地利的安全利益。

法国的拿破仑粉碎了反法联盟，反法联盟的成员国奥地利作为战败国，被迫与法国签订了《维也纳和约》，从而实力被大大削弱，甚至出现了亡国的危险。当务之急，必须找到牵制法国的力量，才能让奥地利生存下去，梅特涅想了很多。

梅特涅首先找到了拿破仑，他对拿破仑说："我们的公主非常敬仰您，您如果能和奥地利的公主结婚，那欧洲的版图上最大的联盟就是法、奥联盟了！到时候，哪一个国家也不敢欺侮法国和奥地利了！而且不管哪一国有事，也能互相有个照应。"

拿破仑同意了梅特涅的意见，在梅特涅的极力撮合下，拿破仑娶了奥地利公主，在一定程度上缓解了两国的关系。

仅凭双方联姻并不能解决根本问题，梅特涅想到了俄国。梅特涅仔细研究了当时的情况，法国和俄国虽然一度修好，但两个国家之间并不是没有矛盾，俄国方面对法国的"大陆封锁"政策非常不满，因为这严重影响了俄国向英国出售农产品。同时，拿破仑早在结婚前，曾向俄国公主求过婚，但遭到了拒绝，拿破仑对此一直耿耿于怀。

了解到情况后，梅特涅心中暗喜，他采取了两面派的做法。这一年，法国准备攻打俄国，让奥地利也出兵。梅特涅拍着胸脯向拿破仑保证道："法国和奥地利是亲戚，这种事，我们怎么能不帮忙呢，您放心，奥地利一定会尽最大力量支持您！"

梅特涅的答复使拿破仑非常满意。拿破仑一走，梅特涅马上提笔给沙俄政府写了一封信。

沙皇一看到信，不禁哈哈大笑。

原来，梅特涅在信中写道：奥地利这次虽然为了配合法国出兵3万，但实属无奈，请沙皇放心，我们不会帮法国的，奥地利将尽可能地给法国最小的支持，也尽可能地不向俄国进军，以免影响两国的关系。

1812年春天，拿破仑率60万大军进攻俄国失败，法国的势力由此被大大地削弱了。

·铁血宰相·

1815年，俾斯麦出生于普鲁士的一个贵族家庭，1859年，他被任命为俄国公使，两年后改任法国公使。1862年，他应召出任普鲁士宰相兼外交大臣。1890年，他辞去宰相职务，1898年俾斯麦在孤独中死去。

当时的德国一直处于四分五裂之中，德意志境内的34个邦国和4个自由城市组成了德意志联邦，普鲁士国是其中的一个军事封建大国。俾斯麦通过扩军备战，用武力统一了德意志，被人们称为"铁血宰相"。

1870年，欧洲各国的报纸上登了一条消息，说西班牙国王死后没人继位，准备请普鲁士国王的堂兄去当国王。其实这都是俾斯麦在背后捣的鬼，他的目的就是迫使法国同普鲁士开战。果然，法国国王被激怒了，他对外宣称，谁敢在西班牙当国王，他就跟谁过不去！

这天，俾斯麦收到普鲁士国王的一封急电。电文说，法国大使转达了法国国王的命令，要求普鲁士国王不允许他的堂兄去继承西班牙的王位。

普鲁士国王没有答应法国，只是同意双方商量此事。

俾斯麦手捧这份电报，不由哈哈大笑："看样子，法国国王是个急性子，他想打仗，我正希望成全他。"接着，俾斯麦转过脸对普鲁士的参谋长毛奇说："我们普鲁士国要是和法国打一仗，那会怎么样？"

毛奇不假思索地回答："凭实力的话，法国根本不是我们普鲁士的对手。"

"好，我就要你这个答案！"俾斯麦抓起笔，把电文的最后一句画掉了，然后加上了一句话："普鲁士拒绝同法国进行任何商量，不管法国干什么，我们都会奉陪！"

站在一旁的毛奇边看俾斯麦改，边笑着说："这下可好了，法国人以为我们会站在他们那一边，没想到会是这个结果。现在，我都听到了向法国进军的号角了！"

俾斯麦征求了陆军大臣的意见后，随即命令副官把修改过的电文登在报上。

这一来，整个欧洲热闹了，法国国王拿破仑三世更是气不打一处来，于当年的7月19日向普鲁士宣战。普法战争爆发了。

战争的结果和俾斯麦想象的一样，法国失败了。1871年，普鲁士国王自封为德意志皇帝，统一的德国成立了。俾斯麦被任命为帝国宰相。

俾斯麦用铁和血结束了德意志的封建分裂局面，完成了德国的统一。

·远交近攻·

18世纪出生的坎宁是英国的外交家，在他任英国外交官期间，采取了"远交近攻"的外交策略，即为了对付近的敌人，与远方的国家结盟。坎宁的远交近攻的政策获得了极大的成功，英国恢复了在欧洲的威望，也赢得了拉美新独立国家的好感。

拿破仑帝国崩溃后，欧洲各国的君主们结成了"神圣同盟"，企图长期霸占欧洲。18世纪末，拉丁美洲国家掀起了反对殖民统治的独立运动，"神圣同盟"决定由法国派兵前去镇压拉美的独立运动。

坎宁知道这个消息后，马上站起来反对，他声明承认拉丁美洲国家的独立，反对武装干涉别国的独立。与此同时，坎宁还写了封信给美国，希望美国和英国一起，发表联合声明，制止"神圣同盟"的做法。在做好这一切后，坎宁派出军舰在大西洋上巡逻，没经过英国同意，任何船只都不能通过。

坎宁的这一招让"神圣同盟"慌了。"神圣同盟"准备召开全欧洲会议，就拉丁美洲问题进行商谈，并且派人去请坎宁，希望他也能出席这次大会。

坎宁一脸正气地对前来的使者说："你们所谓的'神圣同盟'只不过是为了获取自己最大的利益，根本不管别人的死活。你回去告诉他们，我们英国是不会参加这样的会议的，也不承认会议的任何决议！"

尽管坎宁这么说，使者仍然不死心，凑上前去，问坎宁有什么特殊的要求。

坎宁义正辞严地挥挥手："你别再费话了，不管怎么讲，都没有用！"

使者只好灰溜溜地走了。

"神圣同盟"的使者一走，坎宁马上建议英国的内阁尽快同拉美各国建立外交关系，进行贸易谈判，争取早日打入这个广阔的市场。

"神圣同盟"对于坎宁一点儿办法都没有，他们只好把派兵赴拉丁美洲的事往后拖拖。

坎宁加快了自己的行动步伐，不久，英国承认了阿根廷、哥伦比亚、墨西哥等国家的独立，同他们建立了外交、贸易关系。坎宁的这些政策，给"神圣同盟"很大的打击，给欧洲大陆的自由主义势力以鼓舞，同时也为坎宁带来了良好的声誉。

·幽默的力量·

英国首相丘吉尔生于1874年，1965年离开人世，是英国保守党的领袖。

1939年9月1日，德军进攻波兰。两天后，英国、法国宣布对德国开战，由此第二次世界大战爆发。

战争爆发不久，丘吉尔出任英国首相，领导英国人民对德作战。这位高大、肥胖、成天叼着烟斗的家伙，此时已经六十五岁了。他是位极有才能和个性的政治家，好冒风险，而且足智多谋；他武断专横，却又善于团结有识之士；别看他有点结巴，可才思却异常敏捷，并且拿过诺贝尔文学奖。凡是认识他的人，都知道他是个幽默的人。

1940年6月，德军占领法国巴黎，英国处在危险的境地。丘吉尔认识到，要阻止希特勒入侵英国，光靠英国的力量远远不够，必须要得到美国的援助。为此，丘吉尔亲自访美，向美国总统罗斯福请求军事援助。

丘吉尔和罗斯福进行了第一次会谈，但当丘吉尔提出自己的想法后，罗斯福总是沉默不语。因为这件事让罗斯福感到非常难办。他也知道，希特勒在拿下了欧洲战场后，会把下一个目标定在美国。虽然自己想帮助英国，但美国国内有股强大的和平主义和孤立主义势力，大多数人不愿卷入这场战争。谈来谈去，丘吉尔一无所获。

丘吉尔快快不乐地回到宾馆，一个人坐在那儿唉声叹气。看样子这次真的要白跑一趟了，丘吉尔猛吸了几口烟，快速地思索着，可想来想去，他实在想不出什么好办法。

正在这时，随从来到丘吉尔身边，问他现在吃不吃饭。

好吧，不想了！丘吉尔起身告诉随从他先去洗个澡，过一会儿再吃饭。

丘吉尔躺在温水里，觉得一天的疲惫都被洗去了几分，要是天天都能像这样，好好休息休息，那多好。丘吉尔习惯地拿出烟斗。

突然，门响了，丘吉尔觉得好像有人进来了。

丘吉尔一脸慌张，他大声呵斥道："是谁？进来也不敲一下门！"

可那人并没回答，而是顺着声音直接进了浴室。

丘吉尔抬头一看，竟是罗斯福。罗斯福是有急事来找丘吉尔的，他一见眼前的情景，显得十分尴尬。丘吉尔也十分慌乱，他没想到罗斯福会闯进来，忙仍下烟斗，伸手去拿浴巾，突然，他脑筋一转，对罗斯福笑道："您看，我一无所有，我什么也没向您隐瞒！"

这一句幽默的话语立刻打破了尴尬的局面，罗斯福不由哈哈大笑，在笑声中两人间产生了一种亲密感和信任感。罗斯福当即同意了丘吉尔的请求，准备给英国提供大量的军事援助。

丘吉尔恰到好处的幽默，赢得了罗斯福总统的信任，他如愿以偿地达到了自己的目的。

·一字电报·

第二次世界大战期间，美国总统罗斯福和英国首相丘吉尔曾经闹过一次别扭，双方在电报上各抒己见，互不相让。

1942年5月，苏联的外交部部长莫洛托夫访问华盛顿时，罗斯福亲口保证准备在当年的欧洲战场夹击德国。随后，罗斯福命令美国参谋部筹划当年在欧洲战场发动进攻，并于7月25日制定了进攻非洲北部海岸的"火炬"行动计划。可是在一些具体问题上，英、美发生了分歧，美国要把进攻的目标放在摩洛哥西海岸的卡萨布兰卡，英国却主张以阿尔及尔作为目标。

丘吉尔听到这个消息后，异常生气，他叼着烟斗，使劲吸了几口，情绪激动地说："罗斯福怎么能这样呢？快给我发一份电报，以示抗议，就说假如不在第一天拿下阿尔及尔和奥兰，那么这次作战的重要意义就会完全丧失。"

罗斯福收到了丘吉尔的电报后，依旧坚持自己的主张，他复电说："不论情况如何，我们的登陆地点必须有一个在大西洋。"罗斯福虽然不肯放弃自己的主张，但他提出由美军进攻卡萨布兰卡和奥兰，英军则在靠东的地方登陆。

要是双方达不成协议，那这次战争可能就要失败，丘吉尔想来想去，最后在9月3日的复电中巧妙地提出："最后我要说，不管有多么大的困难，我们认为重要的是，应在占领卡萨布兰卡和奥兰的同时，占领阿尔及尔。"

虽说这是一个折中的办法，但丘吉尔也是出于无奈，在发出电报后，他找来秘书，让秘书记下他的讲话："你们这个总统怎么啦，他简直太不了解我们英国了，双方如果再出现这种情况，那今后的合作肯定不会好到哪里去……"丘吉尔发完一顿牢骚后，让秘书把自己的话都寄给罗斯福的助手霍浦金斯。

丘吉尔的官员一听丘吉尔要把这封信寄出去，纷纷劝说他，说现在不能和美国闹翻，不管怎么说，两国在对待德国的问题上应该是盟友。

这封长信还没有发出，罗斯福就来电表示可以抽调进攻卡萨布兰卡和奥兰的部分美军，配合英军同时登陆阿尔及尔。

这下，丘吉尔像个孩子似的笑出了声，他在9月5日复电罗斯福："我们同意您建议的军事部署。我们有不少受过严格训练的士兵，要是方便的话，他们可以穿上你们的军服，他们会以此为荣。"

罗斯福收到丘吉尔的电报，对于他的提议，也乐了。他当天回复了一个电报，电报上只有一个字："妙！"

一个"妙"字平息了英美之间的一场风波，也一语双关地赞扬了双方友好关系的恢复。

·文字外交·

法国外交家让奈出生于16世纪，他为法国的外交事业作出了巨大的贡献。

法国亨利四世时期，资产阶级革命爆发了，新西班牙殖民统治的荷兰七个北方省起义，联合成立了一个新的国家——联省共和国。这个新的共和国，不断地和西班牙发生冲突，从而影响了法国。这件事很让亨利四世伤脑筋，他决定派让奈去解决双方的矛盾。

让奈首先来到西班牙，拜访了西班牙国王。西班牙国王一听让奈希望他们与联省共和国进行和平谈判，马上脸色大变："你说什么，这个联省共和国本来就是我们的领土，竟然敢脱离西班牙，如果我们同他们签订和平协议，那西班牙人的脸往哪儿搁？那其他的人不也要仿效联省共和国吗？西班牙还有什么地位！"

让奈刚想再讲几句，西班牙国王把脸扭到了一边："你再就这个问题纠缠下去，我可要赶你走了，并宣布你是不受欢迎的人。"

让奈讨了没趣，只好灰溜溜地走了。

很快，让奈又来到了联省共和国，他希望能从联省共和国那儿有所突破，但联省共和国也拒绝了他。

"西班牙欺侮了我们那么多年，我们现在好不容易独立了，而他们却不放过我们，不断地进行挑衅，你让我们怎么办？我们必须抗争！而且要抗争到底！签订和平协议那是根本不可能的事！"

这件事让让奈感到十分头痛，两年过去了，他一无所获，亨利四世也不断地催促让奈，要他赶快把这件事办好。

让奈想了很久，最后他想到了一招，准备在文字上做点文章。

让奈又来到了西班牙，他对西班牙国王说："我这次前来，并不是让你们进行和平谈判的。你们双方的事，我不会过问的。但有一点我知道，西班牙这两年把精力都放在了战争上，其他方面没有任何发展，再这样打下去，我相信对你们非常不利！"

让奈的一席话，正中西班牙国王的下怀，国王变得沉默起来。

让奈知道这事能谈下去了，就接着说："别管什么和平谈判的事，我建议双方'长期休战'。"

西班牙国王反问道："这我倒同意，却不知道联省共和国那边同不同意？"

"您放心，我会去做这个工作的！"让奈又来到了联省共和国，他用"长期休战"一词也说服了联省共和国。

就这样，让奈把"和平"一词换成了"长期休战"。

1602年，西班牙与联省共和国签署了长期休战条约，西班牙也承认了联省共和国的独立。

·和平的招牌·

1799年，法国在"雾月政变"之后，国内外形势都不太好，当务之急就是稳定国内秩序。而法国当时的统治者拿破仑想让整个法国为对付敌人的军事进攻进行准备，法国人民早就厌倦了战争，国内没有人想再打仗。

如何让法国人做好战争的准备，拿破仑想到了一招。1799年12月25日，执政不久的拿破仑发出了两封外交信件，一封给奥地利皇帝，一封给英国国王。

英国国王乔治五世，读了信后，一下笑了出来。拿破仑的信竟是如此彬彬有礼，这和在意大利、埃及战争中那个不可一世的拿破仑简直判若两人。拿破仑在信中说道："法国和英国，为了互相争雄，都在浪费国力，这对于世界各国都是不幸的。我断言，我们再这样打下去，肯定会引发一场世界大战，这将是毁灭文明国家的一件蠢事。我建议，从现在开始，我们停止一切交火而成为友好邻邦。"

乔治五世再也忍不住了，他哈哈大笑，觉得拿破仑在说笑话，这些话从一个十分喜欢战争的人的嘴里说出来，太有意思了。乔治五世马上拿起笔，回了一封信："我不相信您爱好和平的表白，我希望您不要把和平的愿望停留在口头上，而应该落实在行动上。如果阁下真的爱好和平，那就应该让法国原来的王室复辟。"

奥地利皇帝在读了拿破仑的信后，也不相信他，便给拿破仑回了一封和乔治五世的回信内容相差不大的信。

英奥的回信让他们在政治上陷入了被动地位。拿破仑收到两个国家的回信后，兴奋异常，他获得了鼓动和组织广大法国人的最好借口。拿破仑马上把英奥两国的信件登在报纸上。这一下法国轰动了，大家都说看样子战争是难免了，必须稳定国内的秩序，让英奥认为我们法国国内非常稳定。

拿破仑在国内大造舆论，使法国人民认识到国家处境的危急。他们懂得已经没有别的选择，只有团结一致、同仇敌忾地反对外国侵略者，才能阻止法国波旁王朝的复辟。

拿破仑的计策成功了，他面对着反法联盟进攻的危险，用呼吁和平的策略，使英奥两国的战争阴谋暴露无遗，这就为拿破仑转移国内矛盾、动员国内人民做好战争准备创造了有利条件。

·化敌为友·

拿破仑在掌握了法国的大权后，最头痛的就是英俄强大的反法联盟，他一直在想办法破坏反法联盟。很快，机会来了。

俄国、英国在争夺马耳他时造成了严重的对立，拿破仑决定利用他们之间的利害冲突进行分化瓦解。拿破仑找来了外交部部长塔列朗，让他转交给俄国沙皇一封信。

拿破仑说："你可以告诉俄国政府，我们对俄国一直是友好的，这次我们将无条件地把六千名俄国战俘连同他们的所有军旗送回俄国，并为每个战俘配备新武器和新军服！"

俄国沙皇一接到拿破仑的信，不禁有些兴奋起来，但同时，他还有很多担心，害怕拿破仑玩什么花招。

面对沙俄的沉默，拿破仑又写了第二封信，重申了法国抗击英国、保卫马耳他的决心。

在拿破仑的不断拉拢下，沙俄开始相信拿破仑了。不久，俄国沙皇保罗一世决定与法国建立友好关系。

俄国的大臣们一听，都感到十分奇怪，因为沙皇曾经说过，要用一切手段推翻法兰西共和国。

保罗一世把大臣们的表情都看在眼里，他轻咳了两声说："我之所以同法国建立友好关系是为了俄国，拿破仑把我们俄国的俘虏放了，显示了他对我们的诚心。而我们的盟友英国都干了什么呢？本来是我们俄国控制的马耳他，却被他们占领了，拿破仑在了解情况后，要帮我们保护马耳他不受英国的侵犯，拿破仑所有的做法，都显示了他对俄国的友好诚意！"

　　沙皇最终同法国建立了友好的国家关系，他放弃了干涉法国内政的政策，表示法俄两大强国联合起来，就能对其他地区产生有益的影响，同时俄国还建议法国在英国沿岸采取措施。保罗一世宣布对英国所有船舶的封港令，驱逐路易十八，派使者到巴黎签订和约和商讨成立法俄联盟事宜，沙皇甚至计划与法国联合，把英国人赶出印度。

　　拿破仑通过政治和外交手段瓦解了敌人的营垒，化敌为友，借此孤立和打击了英国。

·冷静的人·

拿破仑在远征俄国的战争中失败后，他的盟国奥地利一面积极备战，一面以停止结盟相威胁，这让拿破仑很生气。而且他还听说奥地利的首相梅特涅在暗地里和俄国有来往，于是，他非常想知道，梅特涅和沙皇讲了什么。

1813年，拿破仑会见了梅特涅，为了套出梅特涅的话，拿破仑决定首先在气势上压倒梅特涅。

梅特涅在客厅里等了一会儿，拿破仑才出来，他好像刚刚从训练场上下来，腰上挂着宝剑，而且右手始终就没离开过剑柄。在进行了一番客套后，拿破仑单刀直入："你们奥地利正在加紧训练军队，看样子是想打仗！现在就轮到你们了，我倒要看看，你们训练军队是对付俄国，还是对付奥地利的女婿——拿破仑！"当时，拿破仑娶了奥地利的公主为妻。

梅特涅心里暗暗好笑，拿破仑想用这种手段对付自己，简直是开玩笑。梅特涅走到客厅里的一幅画跟前，假装在看画，然后淡淡地说了句："我希望欧洲是个和平的地方，如果你拿破仑也想得到和平，你的势力必须缩小到合理的限度内。不然，你再这样搞下去，根本收不了场！"

拿破仑彻底火了："想打败我拿破仑，那简直是做白日梦，总有一天，我会让所有人看到我拿破仑的实力，而且这不会太久啦！"

梅特涅冷笑了两声："你这么打下去，法国人民肯定不会同意的！"

一听这话，拿破仑气急败坏地把帽子扔在了地上。

梅特涅蔑视地看了他一眼，不再说什么了。

拿破仑像困兽一样地在客厅里来回走了几步，大声说："我拿破仑没有做对不起任何人的事，但是我现在后悔，后悔娶了你们的公主。你们不但不帮我，还在后面拆我的台，要是我拿破仑失败了，肯定是你们在搞鬼。"

梅特涅依旧笑而不答。

面对梅特涅的态度，拿破仑再也没办法了，他只好换了一张笑脸，上前搂住梅特涅的肩膀，说："我知道你们奥地利对我好，不会同我作对的！"

梅特涅把拿破仑的手拿开了，严肃地说："陛下，你完了，谁也救不了你。"

出了拿破仑的客厅后，梅特涅长长地出了口气，今天拿破仑的表现告诉他，这家伙心里已经没底了，用不着对他有什么害怕的了。

不久，奥地利加入了第六次反法同盟的行列。

·外交奇迹·

1815年5月13日，塔列朗被任命为法国波旁王朝的外交大臣，他具有高超的外交才能，创造了一个又一个外交史上的奇迹。

1814年，法国皇帝拿破仑被迫宣告退位，波旁王朝复辟。反法联盟几十万大军驻扎在巴黎等地，法国面临着巨大的危险。反法联盟虎视眈眈地看着法国，随时可能把法国瓜分，或者让法国拿出巨额赔款。

塔列朗上阵了，当务之急必须要和反法联盟的各同盟国签订和约，为了改变法国的危险处境，塔列朗展开了积极的外交活动。

塔列朗首先找到了俄国的沙皇。沙皇看了看塔列朗，气势凌人地问道："你现在找我干什么？"

塔列朗叹了口气说："法国现在战败了，这完全是拿破仑的错。你知道，我一直反对拿破仑，从来不和他掺和在一起，你们对法国的战争不是在和法国人打，而是同拿破仑打。陛下应该明白，我总是站在你们这一边的！"塔列朗以同盟国"自己人"的身份同俄国开始了讨价还价。

沙皇依旧一言不发地看着塔列朗。塔列朗继续说道："法国的力量现在被削弱了，而在这次战争中，普鲁士变得强大起来，我想陛下不可能放心地看着自己身边卧着普鲁士这只猛虎！"

塔列朗的一席话说到了沙皇的心里，现在他最担心的的确是普鲁士。沙皇需要一个强大的法国来与普鲁士对抗。沙皇点点头，说："那你要我们俄国做什么呢？"

塔列朗显得很诚恳地说："我需要陛下能够助法国一臂之力，其实这也是在帮助俄国！"

　　做通了俄国的工作后，塔列朗又找到了其他同盟国。他在其他同盟国面前利用各国之间的矛盾，指出必须要做到各国的势力相互牵制，才能保证各个国家的利益。同时，塔列朗还不时地进行暗示，法国国内还有十几万的军队，如果和法国打下去，哪一方面都占不到什么便宜。

　　塔列朗的外交才能很快得到了各同盟国的认同，在他的左右翰旋下，法国和各同盟国签订了《巴黎和约》，和约既保卫战败的法国领土免被瓜分，又以此遏制俄国等国家的扩张野心。战败后的法国居然能保持领土完整，甚至不必付出赔款，这在外交史上不能不说是一个奇迹，从这个奇迹中人们也可以发现塔列朗的过人智慧和高超的外交手段。

·联英抗俄·

1830年，法国爆发了资产阶级大革命，大工业商业和金融资产阶级把路易·菲利普拥上了王座。法国历史上的七月王朝建立起来了，波旁王朝的封建统治由此结束。

欧洲各国对于法国的变化感到非常吃惊。俄国沙皇对于此事的反应最大，他为了恢复波旁王朝，准备派兵攻打七月王朝，同时普鲁士也准备以武力干涉法国。

法国外交大臣塔列朗把这一切都看在眼里，如果仅凭法国的力量和其他国家抗衡，那法国必然要吃大亏。塔列朗马上拜见了国王路易·菲利普，同他商量解决的办法。

菲利普无奈地摊开手，叹了口气："我也没办法，七月王朝刚刚建立起来，现在哪里是这些强国的对手呢？"

塔列朗点了点头，虽然他昨天一晚上没睡好，但依旧显得精神饱满："法国必须打破外交孤立的局面，寻找同盟。"

塔列朗同菲利普商量来商量去，他们选中了英国作为突破口。菲利普国王当年曾长期流亡英国，是个亲英派，在制定国内外政策时每每以英国为榜样。他们谈好后，塔列朗马上给英国国王写了封信，希望英国承认法国的七月王朝。

没多久，英国国王回信了，表示同意。

塔列朗马上又找到了国王菲利普，希望菲利普能任命他为驻英国大使。

菲利普奇怪地望着塔列朗，现在七月王朝刚刚建立起来，塔列朗正是好帮手，怎么提出了这个要求？

塔列朗笑笑："陛下，不必太多心，我这么做也是为了法国。"

国王觉得奇怪，问："为了法国？"

塔列朗一字一句地说："是的，虽然英国同我们建立了外交关系，但俄国依旧不会放弃对我们的武力干涉，只有派我为驻伦敦大使，俄国搞不清楚我们同英国究竟在干什么。而且沙皇知道我同英国首相威灵顿的私交非常好，明白我到伦敦后，不会只在那儿干坐着的！"

听完这一席话，菲利普马上任命塔列朗为法国驻伦敦大使。

这一消息传到俄国，沙皇气得直捶桌子。他感到英法关系已经得到巩固，如果冒险出兵的话吃亏的可能就是自己，他只好放弃干涉政策，承认路易·菲利普的七月王朝。

·刮目相看·

1851年5月11日，法兰克福邦联会议召开了。法兰克福邦联会议由各邦代表组成，大家坐在一起的目的是争夺邦联的领导权。

会议快要开始的时候，一张陌生的面孔出现在大家面前，这就是年仅36岁的普鲁士大使俾斯麦。

俾斯麦环顾了一下会场，大家都已经把位置占好了，只给他留下了一个最为拐角的地方，顿时俾斯麦就憋了一肚子气。别的国家把普鲁士太不放在眼里了，俾斯麦把头一昂，目中无人地走到了那个座位。

当时普鲁士的势力相对弱小，而奥地利在各邦中势力最为强大，俾斯麦明显地感到自己在这样的会议上太没地位了，他对奥地利高人一头的做法十分不满，就找机会非要同奥地利比比。

会议越开越紧张，每个邦国都在为自己的利益争执不休。俾斯麦东张张，西望望，他发现一个奇怪的现象，会上除了担任主席的奥地利人在吸烟，而其他邦国的人没有一个吸烟的。

俾斯麦伸手碰碰边上的一个不认识的大使，小声问道："为什么会上只有奥地利人在吸烟呢？"

那个大使笑着说："一看你就什么都不明白，奥地利最强大，他们不让别人吸烟，那谁还敢吸烟，这已经成了规矩。除了他们自己能吸烟外，其他邦国的人一概不许吸烟。"

俾斯麦更生气了，他气呼呼地说："这算什么规矩，不就是在显示自己嘛！我倒要瞧瞧他们能把我怎么样！"

俾斯麦无心再听会上别人的谈话了，反正也和普鲁士没多大关系，他的双眼一直死死盯着会议主席，看看这个奥地利人什么时候吸烟。

很快，会议主席和另外的邦国代表争论起来了，双方谁也不相让，会议主席双手直抖，他从口袋里掏出一支雪茄，叼在了嘴上。

一见如此，俾斯麦也快速地掏出一支雪茄，他见会议主席点着了火后，示意主席把火借他用一下。

俾斯麦的这一举动，让所有的会议代表都感到吃惊。其实，俾斯麦是想借此来表示普鲁士和奥地利是平等的，虽然会议主席并没有讲什么，但大家都开始对这位年轻的大使刮目相看起来。

·会晤取消·

第二次世界大战期间，美国总统罗斯福支持戴高乐的对手，引起了戴高乐的极大不满。战争结束后，戴高乐总统想恢复法国的大国地位，却受到了美国的阻挠。

1944年，同盟国在美国加利福尼亚州敦巴顿橡树园讨论联合国的组织问题，在谈到安理会及常任理事国的时候，法国并没被考虑进去。

戴高乐斥问道："为什么法国不是常任理事国？"

美国代表、参议院外交委员会主席康纳利大声说："二战结束了，在二战中损失最大的是美国、英国、苏联、中国四个国家，而你们法国又失去了多少呢？你们在战争中所起的作用也只能抵得上一个小国。"

戴高乐猛地站起身，气愤地瞪着美国代表，把桌子一拍，愤愤地走了出去。

打那次以后，戴高乐总统对美国就更没什么好印象了。这件事，对于一个自尊心很强的总统来说，是终生难忘的痛苦记忆。

1945年年初，雅尔塔会议期间，美国总统罗斯福派亲信霍浦金斯来到巴黎，留下一个口信，表示在讨论到欧洲问题时将安排戴高乐出场。

戴高乐兴奋地来到了雅尔塔会议的会场，期待着会议的召开，他要在这次会议上为法国人争得一席席位，告诉世界美国对法国的不公。可戴高乐左等右等，整个会议最后根本没安排他出席，而是把他排斥在会议之外。

戴高乐再也受不了了，他发誓一定要和美国断绝任何关系。回到国内，戴高乐接到了罗斯福的道歉电报，罗斯福还愿意在回国途中同戴高乐会晤。

戴高乐嘴角划过一丝微笑："好，我倒要看看美国人还想玩什么花招，他们不是想会晤吗？我就把会晤地点设在法国巴黎。"戴高乐给罗斯福又回了一封电报。

很快罗斯福的回电到了，他拒绝到巴黎同戴高乐会晤，而是把会晤地点选在了阿尔及尔。

"阿尔及尔？"戴高乐看完这份电报后，从椅子上站了起来，"美国简直是对我们法国太不尊重了，好像想让我们去哪儿会晤都行，这根本做不到！"

由于戴高乐的坚决拒绝，这次会晤取消了。

·戴高乐的遗愿·

　　法国总统戴高乐1890年出生，1970年逝世。他毕业于圣西尔军校，凭着自己的聪明勇敢，在两次世界大战中屡建奇功，并深受法国人民的爱戴，1959年当选为法国总统，1969年4月离职。

　　法国驻华大使马纳克在到中国任职之前找戴高乐总统进行了一次亲密的交谈。他对戴高乐说："总统阁下，我建议您今后有空去中国看看，它是亚洲刚崛起的一个国家，法国同中国今后在外交上一定有着更亲密的交往。"

　　戴高乐站在窗前向远处眺望着，他深深吸了口气，说："中国，在我童年的时候，就听说了长城、故宫以及那些美不胜收的山川景色，我真想把手头的工作全部忙完，到那儿去好好看看！"

　　1970年9月，戴高乐的外甥女科尔比当上了驻华使馆参赞，她在临行前，去看望了戴高乐。

　　科尔比像个孩子似的十分兴奋，她拉着戴高乐的手，笑着说："舅舅，这次到中国去，我真想把您带去，我要是您，早就休息了，找个从没去过的地方转转，那肯定不错。"

　　戴高乐也笑了："科尔比，你邀请我可是迟了，我已经答应马纳克去一个更有意思的地方。"

　　科尔比瞪着一双好奇的眼睛问道："哪儿？"

　　"中国！"

　　科尔比装出副生气的样子说："原来，舅舅早有打算啦！"

　　戴高乐把话锋一转，问道："你说，中国哪一个地方最好玩！"

　　科尔比想了一下说："先去看看香山，现在的香山简直美极了，有句话称赞香山的红叶，说那儿的红叶红似火！舅舅要是再晚一段时间去的话，就看不见红叶了。不过，也没关系，中国好玩的地方多的是。"

在此期间，中国正准备转达给戴高乐将军正式邀请书。为此，中国方面极秘密地派遣作家韩素音到巴黎来。

1970年10月20日，在法兰西学院院士、戴高乐的顾问吕夫的办公室里，韩素音宣布，中国政府愿意邀请戴高乐去中国访问。她说："中国政府将尊重将军的全部意愿——他想什么时候来，他要到中国哪里去旅行，他愿意会晤什么人，中国政府都将会全力以赴地满足将军的愿望。"

吕夫非常高兴，他答应会很快地把中国的邀请告诉将军，但是当吕夫提笔写信给戴高乐将军时，传来了将军逝世的消息。

就这样，戴高乐总统生前要到中国来的愿望没有实现。

·周游欧洲·

彼得一世是俄国的皇帝，他曾经被称为俄罗斯的"祖国之父"。

1695年，俄罗斯进攻当时被土耳其占领的亚速堡垒，由于海军力量的薄弱，俄国以失败告终。

彼得一世接受了失败的教训，专门建立了一支舰队，并于1696年卷土重来，这一次彼得一世旗开得胜。但彼得一世并不满足这次的胜利，他知道，俄国和土耳其相比，实力还差得很远。为了打败土耳其，为俄罗斯夺取黑海的沿岸地区，彼得一世决定派出外交使团，力争恢复反土耳其联盟。同时，彼得一世还想招聘西欧国家的一些有经验的水手、工匠、专家等来为俄国服务。

彼得一世亲自参加了这个外交使团，他化名为米哈伊洛夫。一到欧洲，彼得一世眼睛都看花了，一切对于他来说是那么新鲜，欧洲人大多数都是短装打扮，根本不像俄国人那样穿着旧式长袍，连跑起来也比别人慢了许多。在参观了欧洲的一些工厂后，彼得一世坚定了改革的信心。

彼得一世到了英国，他很快去见了英国的皇帝："这次我们在贵国看到许多先进的东西，不禁感到自己的落后，我们必须要加快步伐，赶上这些强国！"

英国国王听了彼得一世的话，笑了，他不相信彼得一世此次前来的目的只是参观。于是，他用询问的眼神望着彼得一世。

彼得一世接着说道："这次，我还希望贵国能帮我一个忙，如果能和几个国家结成反土耳其联盟，那是再好不过的了！"

听完这话，英国国王依旧笑而不答，英国现在无心进行战争，他们最为关心的是西班牙王位的继承问题。

彼得一世明白了英国国王的意思，他只好失望而归。而紧随其后，又有几个国家拒绝了彼得一世，使彼得一世的计划落空。但是彼得一世这趟欧洲之行并非空手而归，在回国途中，他同波兰、丹麦、萨克森国王会晤并同他们结成了反瑞典同盟，目的是夺取波罗的海沿岸地区，而且通过对欧洲强国的实地考察，坚定了他进行改革的信念。

回到俄国后，彼得一世亲手剪掉了来迎接他的贵族们的大胡子，并命令俄罗斯人不得穿妨碍工作和运动的俄罗斯旧式长袍，不许再行旧式的跪拜礼节。彼得一世改革的并不只是这些表面措施，他还改革了军事制度，建立了完善的军事体系，为今后的扩张打下了基础。

·揭穿阴谋·

俄罗斯的民族英雄库图佐夫，生于1745年，他精通法、德、英、波兰、土耳其等多国语言，指挥过多次重大战役，他不仅是位军事家，而且在俄国的外交事业中作出过重大贡献。1813年，他在追击法军的途中不幸病逝，死后葬于喀山大教堂。

1768年爆发了俄国和土耳其的战争，最后俄国取得了胜利，土耳其被迫签订了《小凯纳尔贾和约》。战争结束后，俄国力图保持与土耳其的和平关系，从而使自己的主要力量集中于对付法国的革命。1792年，沙皇任命库图佐夫为驻奥斯曼土耳其帝国特命全权大使，并以密件赋予他特殊使命：保持两国的和平关系，密切注意土耳其的动向。

由于双方刚结束战争，想保持良好的外交关系的确不易。库图佐夫为修补两国关系，下了很大的工夫。除了两国之间的矛盾外，英国大使及其他国家的外交官，对俄国和土耳其的关系进行挑拨，而土耳其内部本身就有一股反对俄国的力量。

这天，库图佐夫正在办公，突然听到一个消息，说土耳其正在加紧训练士兵，准备随时发动对俄国的战争。库图佐夫开始变得坐卧不安了，他深知这个消息传到俄国的话，俄国一定也会加紧备战。

库图佐夫连夜写了一封信，派人以最快的速度送到沙皇手上，告诉沙皇如果听到这个谣言，万万不可相信。

没有多长时间，送信的人回来了，库图佐夫忙问沙皇说什么了。

送信的摇摇头，告诉库图佐夫沙皇什么也没讲，只是俄国上上下下都在做备战的准备。

库图佐夫重重地坐在椅子上，他合上眼，想象着如果土耳其知道俄国的情况，那肯定会非常生气，要是这样，两国离战争就不会有多远了。库图佐夫忙又前去拜见土耳其的国君，努力使他明白双方之间有人在挑拨，土耳其的国君知道情况后，马上提笔给沙皇写了封信，说明土耳其没有再进行战争的准备。

在做好这些工作后，库图佐夫带着土耳其国君的信件回国了。

由于库图佐夫的努力，避免了俄、土关系的再度紧张，而且大大改善了两国的关系，从而也胜利完成了沙皇交给他的外交使命。

库图佐夫在外交事务中充分表现出他精湛的外交谋略，后来被提升为上将，陆续担任了荷兰远征军司令、立陶宛总督、集团军司令、彼得堡总督等职。

·列宁的命令·

列宁生于1870年4月22日，1924年1月21日去世。他的原姓为乌里扬诺夫，俄国辛比尔斯克人，他伟大的一生是为无产阶级革命事业奋斗的一生。

苏联早期外交家契切林为了苏联在国际上取得一定的地位，一直努力地在外交政坛上工作着。契切林积极从事着国际和平活动，发表反对帝国主义战争、争取民主和平的讲话，这都引起了英国政府的恐慌，1917年，英国政府逮捕了契切林。

苏联领导人列宁得知这一消息后，非常生气，他代表政府要求英国立即释放契切林，但英国对于苏联的要求根本不予理睬。

列宁找到了英国前驻沙俄大使比尤，他义正辞严地指出："你们扣留人质，是极其不光彩的，而且损害了苏联的主权，我们要求你们马上释放契切林！"

比尤好像并不太在乎，他耸耸肩，摆出一副爱莫能助的样子："这也不能怪我们英国政府，是契切林干了不应该干的事！"

列宁反问道："好，那我问你，你们英国在苏联进行反革命宣传的人也不算少吧，我们也可以向你们学习，把从事反革命工作的英国人全部抓起来。我倒要瞧瞧你们英国怎么说。"

"这……"比尤无话可讲了。

比尤向英国汇报了苏联方面的态度，但英国还是不予理睬。

列宁马上再次找到了比尤，大声说："你们英国不尊重我们苏联，我们也不会尊重你们英国。今天我要让你看看，在苏联的英国人会受到同样的待遇！"列宁向比尤展示了一份命令。命令规定，在契切林获释之前，包括大使本人在内的一切不列颠臣民不得离开苏联。同时，警告英国，如果再拒不释放契切林，苏维埃政府就要被迫扣留若干名从事反革命活动的英国人。

比尤慌了，他不停地说好话，请求列宁不要下这个命令。这一来，英国政府也坐不住了，他们不得不在12月10日召开会议，讨论关于释放契切林和另一名革命者彼得罗夫的问题。英国外交大臣向内阁交了一份备忘录，要求将这两名受到扣留的苏联公民，遣送回苏联。

英国政府不得不屈服于列宁的强硬态度和措施。很快，契切林等得到了自由，回到了祖国。

·时间惩罚·

苏联外交家契切林1872年出生，1936年去世。凡是认识他的人都知道契切林工作认真，而且非常会计划，据说他常把今后好几天的工作都安排好，实行起来从来不被打乱。

这天，契切林正在办公，他的秘书告诉他，德国驻莫斯科大使布罗克多夫·兰曹有要事求见契切林。契切林有些犯难了，今天的事都安排得满满的，根本没时间见布罗克多夫，再说外国大使突然要求接见，也是一种唐突之举。契切林想了想，便把会见时间安排在了第二天。

布罗克多夫不答应，他说必须今天见到契切林，事情很重要。

一听到这话，契切林就不好再说什么了，他让人通知布罗克多夫，会见时间在晚上24点。

很快到了24点，契切林左等右等，就是不见布罗克多夫的影子，不是说有非常重要的事吗，怎么还迟到？契切林感到奇怪，他打了一个电话到德国使馆，工作人员说布罗克多夫已经出去了。

契切林有些生气，他断定布罗克多夫找他不会是什么重要的事，而且他不遵守双方约定的时间，就是对一个国家的不尊重。契切林看了看手表，已经过去一刻钟了，布罗克多夫还没出现。正在契切林准备回去的时候，工作人员进来通报契切林，说德国大使来了。

契切林淡淡地说："请他马上到办公室来。"然后，契切林穿好衣服，戴上帽子，拿着手杖，从办公室的后门出去了。

布罗克多夫见契切林的办公室里空无一人，他知道契切林生气了，可谁让自己无礼在前，他只有坐在那儿焦急地等待。

墙上的钟响了，已经两点整了，布罗克多夫也不敢回去，正在这时契切林推门进来了。布罗克多夫一句话也不敢提刚才的事，他热情地向契切林问长问短，一副理亏的样子。

后来，有人向契切林提起这事，问他为什么选择24点见布罗克多夫，契切林笑着说："布罗克多夫要求我当天见他，选择在24点，既不是今天，也不是明天。他对我约定的时间很不满，就故意让我等了一刻钟。本来作为外交官，特别是德国人，应该是非常守时的，所以我让他等两个小时来惩罚他。"

·坦然处之·

1945年，苏、美、英三国首脑在柏林附近的波茨坦召开了会议。这时，美国的原子弹试验刚刚获得成功。

在得知了这个消息后，刚刚上任的美国总统杜鲁门觉得连讲话都比平时有了几分力气。他趾高气扬、目不斜视地走进会场，此刻会场上所有的人在他的眼里都不重要，任何国家也不是美国的对手。

英国首相丘吉尔碰了碰身旁的斯大林，轻声说："杜鲁门好像变了一个人。"

斯大林冷笑了两声："这家伙以为有了原子弹，就可以目空一切了。"

会议开始了，杜鲁门想用原子弹这张王牌试探一下斯大林，他清了清嗓子，洋洋得意地说："我们美国现在有了世界上独一无二的武器，这种武器的破坏力是巨大的。"

丘吉尔明白杜鲁门这句话是讲给斯大林听的，他朝斯大林望去，想看看斯大林的表情有什么变化没有。

斯大林听了这句话，嘴角划过一丝不易觉察的微笑，他并没表现出任何恐惧。这样一来，杜鲁门大为失望，可他还想再试试，于是又说道："不管哪个国家，想对美国做什么有危险的事，我们都要让他们受到毁灭性的打击！"

斯大林依旧面无表情，只是打了个长长的哈欠，好像对杜鲁门的原子弹一点儿兴趣都没有。斯大林在这个问题的处理上非常聪明，他那淡然处之的态度，使他在这场小小的斗法中略胜一筹。

杜鲁门的试探没有成功，他很失望，就再也没提原子弹的事了。

　　会议结束后，斯大林回到了国内，他马上召开了有关人员的会议，把美国已经拥有了原子弹的事向大家作了说明。斯大林说："美国人有了原子弹对于我们苏联来讲，可不是一件好事，这无疑是在同我们的斗争中多了一些筹码，但这并不意味着，苏联人民就会害怕。当务之急，就是我们必须加快步伐，造出自己的原子弹。"

　　在斯大林的安排下，苏联加快了原子弹的研制工作。四年后，苏联也有了这种令美国人感到害怕的"新武器"。

·体质的对抗·

苏联领导人斯大林1879年12月21日出生于格鲁吉亚的哥里城,原姓朱加施维里,1953年3月5日与世长辞。

第二次世界大战结束之际,苏、美、英三国领袖决定举行最高首脑会晤,研究如何处理战后一系列遗留问题。

这天,斯大林接到了罗斯福的报告,他提出把会议日期往后拖一拖,改在1945年举行。斯大林明白罗斯福的打算,罗斯福年龄已经大了,身体状况严重不佳,如果把会议定在1945年的春天,这时天气已转暖,他的身体就可以抵得住。

"这怎么行!"斯大林站了起来,这些问题的解决必须马上就要进行,根本不能再拖了。如果这时同罗斯福进行会谈对苏联方面最有利,凭罗斯福的身体状况根本不能同体魄健壮的斯大林抗衡。斯大林马上致电罗斯福,由于形势发展迅速,最高首脑的会晤不能拖延,最迟也应该在1945年的2月份举行。

一听到斯大林的回复,罗斯福感到头皮都发麻,而且他找不出任何理由反对斯大林,无奈之下,罗斯福只好同意,但他又提出会谈的地点不要离美国太远,最好会议举行的地方气候能暖和一些。

斯大林依旧不同意罗斯福的建议,拒绝去任何苏联控制以外的地方,并且坚持会议必须在黑海地区举行。

罗斯福被逼得没了讨价还价的余地,只好硬着头皮,坐船来到了冰天雪地的雅尔塔。

当面容憔悴的罗斯福出现在斯大林面前,斯大林露出了会心的微笑。他迎上去,拥抱住了罗斯福:"我知道总统的身体不太好,所以给你准备了最好的房间，并派人24小时服侍！"

罗斯福只好苦笑着点点头。

苏、美、英三国首脑的会谈开始了，这次会谈日程安排得非常紧张，有时一天会谈多达20次。罗斯福被折磨得精疲力竭，他心里只盼着会议能早一天结束。

第一天的会议刚结束，斯大林就拦住了罗斯福："我们晚上还有晚宴，每个人都要参加！"

罗斯福一脸痛苦的表情："我身体不好，能不能不去参宴？"

斯大林口气坚决地说："这怎么行，不出席晚宴可是对其他国家的不尊重！"

就这样，罗斯福白天参加会议，晚上还要面对各种活动，已经一点儿精力都没有了。在与斯大林的讨价还价中，终因体力不支，注意力分散，争辩不过斯大林，最后不得不草草结束会谈，按苏联的意思签订了协议。

会议结束后，罗斯福回到美国没有几周就逝世了。

·皮鞋事件·

赫鲁晓夫生于1894年，1971年离开人世。他在世期间担任过苏联共产党中央第一书记。

赫鲁晓夫性格刚强，脾气暴躁。曾经有一件事最能说明这点。有一次，赫鲁晓夫参加了联合国大会，在联合国大会还没开始前，赫鲁晓夫正在苏联驻美国大使馆吃早饭，有一个人急冲冲地跑来了，他告诉赫鲁晓夫，今天联合国安排了"匈牙利事件"的辩论，只要大会一到讨论时间，苏联代表团就应该马上退场以示抗议。

赫鲁晓夫用餐巾擦了擦嘴，不慌不忙地说："这件事，我自有分寸，我们的朋友在遭受魔鬼谩骂攻击的时候。我们怎么能临阵脱逃呢？"

这人一看赫鲁晓夫下了决心，就不再说什么了。

联合国大会开始了，当会议执行主席宣布开始审议"匈牙利事件"时，以赫鲁晓夫为首的苏联代表团果然没有退场。

参加会议的其他代表团成员不禁交头接耳起来，他们不知道赫鲁晓夫会做什么，但有一点可以肯定，今天这个问题肯定会审议得非常艰难。

第一个代表发言了，他发言刚结束，赫鲁晓夫就站出来讲话了，他先咳嗽了两声："刚才那位代表讲的我觉得可以不用理会。"

顿时满座哗然，赫鲁晓夫继续说道："听完他的话后，我感到他不是代表团的成员，我要求他向大家展示他出席会议的资格证书。"

那个代表气得满脸通红，可刚要等他反驳的时候，赫鲁晓夫又发话了，他提出了一连串的问题，并且要求对方作出合理的解释。

会场陷入了一片混乱之中，有人吹起了口哨，有人议论纷纷，会议难以继续进行下去了。

面对这种情况，苏联代表团全体成员习惯性地敲击着座位前的折叠椅，其他友好代表团也纷纷响应起来。

赫鲁晓夫的情绪显得更加激动，他刚才一直在摆弄着自己的手表，一不小心，把手表掉到了地上。赫鲁晓夫想弯下腰去捡手表，可是由于他的肚子很大，就显得有些碍事。赫鲁晓夫嘟哝着，捡起了手表。突然他看见自己的皮鞋，也就顺手捡了起来，他竟用皮鞋用力地敲了起来。

会场上所有的人都瞠目结舌，执行主席只好宣布散会。

这件事，成了世界外交史上的一则轶闻。

·借题发挥·

苏联领导人赫鲁晓夫一上班，就看见桌上摆的一份报纸，报上的一条消息吸引了赫鲁晓夫的注意：美国通过了《被控制国家决议案》。这个《决议案》是专门针对苏联等社会主义国家的，《决议案》攻击了苏联等国的社会主义制度。

赫鲁晓夫越看越生气，他想利用时任美国副总统的尼克松访问苏联时，好好给尼克松上一课。

这天，赫鲁晓夫邀请尼克松参观国家展览会。两人有说有笑地走进了展厅。一个青年技术人员走上前，提议把赫鲁晓夫和尼克松寒暄和谈话的镜头拍下来，以便在展览期间向参观的群众展示。

赫鲁晓夫点头同意了。摄像机扛来后，他见围观的人越来越多，就大踏步地走上了讲台。赫鲁晓夫居高临下地望着尼克松，大声地说："美国存在了多少年？170年。大家知道，我们苏联存在只不过42年，而我们的发展远远是别的国家不能想象的，再过7年，我们将达到美国一样的发达水平。到那时，美国人就要向我们学习了！"

赫鲁晓夫的即兴发言，引起了很多人的注意，尼克松十分尴尬，走也不是，坐也不是。赫鲁晓夫继续讲道："当我们赶上美国的时候，我们会向你们招招手！"说着，他回身向后挥挥手，好像美国正慢慢被苏联甩掉看不到影子似的。

赫鲁晓夫借题发挥，奚落了美国，报了一箭之仇。

尼克松在访苏期间，参观访问了许多工厂、农庄。在每个尼克松要去的地方，赫鲁晓夫都要安排布置好一些人。当尼克松到的时候，这些自称为工人、农民的人都会向尼克松提出一些问题。而这时，赫鲁晓夫都要站出来，走到尼克松面前，自我介绍道："我是一个苏联的普通老百姓。我也向总统问几个问题，美国为什么要战争，而不要和平？美国为什么要在外国领土建立军事基地来威胁我们苏联？"

尼克松明知这是陷阱，可他也只好硬着头皮往里跳，经常回答得文不对题。最后他被赫鲁晓夫弄得高度紧张，疲惫不堪，而苏联听众也不时发出嘲笑的声音。

这一趟，尼克松出尽了洋相。苏联的各大报纸上还刊登出诸如"尼克松对苏联普通公民的问题无言以对"、"美国人不敢回答问题"之类的文章。因为这些问题都是以群众名义提出的，尼克松也无法向苏联当局抱怨，怕落个"美国领导怕见群众"的名声，他只有吃了这些哑巴亏。

·忘了一件事·

1971年，苏联总书记勃列日涅夫应美国总统尼克松之邀，前往尼克松的私人住宅会谈。

会谈的最后一天，计划讨论中东问题。原定下午5点开始，可是已经快到5点了，勃列日涅夫连个影子也没见到。因为勃列日涅夫午饭后通常要休息两个钟头，勃列日涅夫的随从不敢去叫醒他，所以时间一直拖了下来。

到了晚上9点，美国国务卿基辛格不耐烦了，他告诉勃列日涅夫的随从："我想你们最好去叫醒你们的书记，我们的总统习惯早睡，我也不想影响他的休息，要是再这样拖下去，会谈只好取消。"

勃列日涅夫一听到会议要取消的事，马上生气了："为什么不早点儿喊我起来，你们这样简直是在耽误大事！"

会谈终于在10点钟开始了。由于休息好了，勃列日涅夫精神抖擞，斗志昂扬，整个会谈几乎都是他一个人在讲。可一旁的尼克松直打哈欠，按照以往的习惯，他这时已经上床了。

双方谈来谈去，什么问题也没解决。会谈结束后，勃列日涅夫朝自己的房间走去，到门口的时候，他一拍脑袋，连声说："我的记忆力怎么这样差，怎么这样差！"原来，在临上飞机的时候，政治局委托他与尼克松商量一下能否卖给苏联几百吨种子，而他今天给忘记了。下面已经没有与尼克松正式会见的计划了，而且勃列日涅夫明天一大早就要回国了，根本不可能谈到种子的事。

"不行，我得马上找尼克松谈谈这个事！"勃列日涅夫扭头就走。

　　勃列日涅夫的外交官答应马上找尼克松的国务卿商量商量。外交官找到了基辛格，基辛格一听到种子的事，很惊奇，他笑着说："我当然不会现在去打扰总统了，总统才睡下，不过据我了解，我们的确有种子要卖，我想总统不会不同意卖给苏联的吧！"最后，基辛格让苏联的外交官回去告诉勃列日涅夫，总统基本上同意这件事。

　　勃列日涅夫听到答案后，非常感激尼克松和基辛格，因为这时已经过了午夜了。

·力求字据·

勃列日涅夫是继列宁、斯大林、赫鲁晓夫以后的第四任苏联党和国家的最高领导人。他于1982年11月病逝,执政期间,改善和发展了苏美关系。

1971年,美国总统尼克松对苏联进行了访问。访问结束后,尼克松再次派国务卿基辛格飞抵莫斯科。双方就一些问题进行了会谈,并在某些方面达成了共识。

勃列日涅夫表情严肃地说:"既然我们都认同了这个问题,依我看不妨草签一个协定文本!"

基辛格摊开双手说:"我是非常想和总书记草签这个协定文本的,不过,我没有这种权力,但是我相信美国总统也会完全同意我的做法!"

勃列日涅夫故意瞪大了眼睛,好像没听清基辛格的话。基辛格只好又重复了一遍。

勃列日涅夫的表情变了,他把眉头皱成了一个疙瘩,把手中的笔重重地往桌上一放:"我很尊重贵国,但是我已经在此和你谈了整整两天,不签这个'字据',那两天的时间不是白费了吗?我可没闲心同你在这儿做游戏!"

看着勃列日涅夫一脸认真的样子,基辛格显得有些无奈:"你让我给你签,可以。但我不能代表美国总统的意思,只是我个人的意见!"

勃列日涅夫不依不饶:"那我不管,你既然来了,就肯定是代表美国政府的,我相信你们的总统看到这个协定,不会不认账的!"

　　勃列日涅夫已经争得面红耳赤了，基辛格只好摇摇头，抓起笔，在草案上签下了自己的名字。其实这个字据没有多大的法律效力，勃列日涅夫争取它，主要是在心理上取得一定的满足感。

　　会谈结束了。有一次政治局全体成员会议上，勃列日涅夫拿出了这份字据，不无自豪地说："看看，美国人签的字据，他们还是支持我们的！"苏联的总书记已经把这张字据视为一大外交功绩了。

　　很快，美国总统知道了这份草案文件，他对苏联的外交官说："你们的总统真是个认真的人，我不理解的是他为什么不相信我会签这个协议，假如我不承认这个口头协议，就是基辛格的字据也无济于事。"

·总书记的夫人·

　　世界上有许多领导者的夫人都是杰出的外交家，她们凭着自己的特殊地位，为国家的外交事业作出了很大的贡献。苏联领导人戈尔巴乔夫的夫人赖莎就是其中的一位。1935年出生的赖莎看起来要比实际年龄小10岁，她受过良好的教育，拥有教授头衔，专攻哲学这门艰深的学问。

　　戈尔巴乔夫当了苏联的总书记后，赖莎对他的影响非常大。有记者曾经询问过戈尔巴乔夫，国家政策、政治难题等问题是否和夫人商量，戈尔巴乔夫非常肯定地说："我们每件事都商量。"

　　戈尔巴乔夫在美国进行访问的最后一天，他出席了美国总统里根的送别宴。从宴会回来的途中，戈尔巴乔夫路过闹市区，突然，他提出要下车走走。

　　这个要求让所有的保镖都目瞪口呆。大家知道，总书记这样做是为了显示同美国人民的友好关系，但访问日程上根本没有这一项，万一出了危险怎么办，谁也不敢负这个责任。

　　"谁也别拦我！"戈尔巴乔夫固执地说，"我要下去和美国人民握握手！"他不由分说地下了车。

　　美国人一看见戈尔巴乔夫，立即围了上来。

　　戈尔巴乔夫笑容可掬，他一边和路上行人握手，一边不停地说着"哈罗"。

　　戈尔巴乔夫保镖的神经都要绷断了。他们紧紧跟着总书记，不停地挥着手，让大家让开一条路。这时一个保镖看见行人中有人把手放在口袋里，他害怕这些人口袋里装着枪，忙大声喊起来："手放在口袋里的人，都把手拿出来。"

这一句话，使原来热闹的气氛冷却下来。

戈尔巴乔夫的脸也变得严肃起来，他瞪着这名保镖，一时不知说什么好了。

一直站在戈尔巴乔夫身边的赖莎明白，关于保镖的这句话，明天的报纸一定会登出来，这对于戈尔巴乔夫的形象会有很大影响。她灵机一动，向大家解释道："他的意思是让你们把手拿出来，和我们的总书记握手！"

赖莎的一句话使局面顿时缓和了下来。

赖莎就是这么机警地维护着自己的丈夫，维护着苏联总书记。她曾经同美国总统里根夫人还有过一段精彩的对话。赖莎要求里根夫人南希将访问期间下午的白宫茶会改为早上的咖啡聚会，理由是她下午要陪戈尔巴乔夫接见美国的新闻界。她自豪地对南希说："我先生的事，就是我的事。"

·谈判高手·

马尔莲娜是苏联的一位外交官，她被苏联政府任命为驻澳大利亚的全权贸易代表。

这天，马尔莲娜和澳大利亚商人谈判购买小麦事宜。

澳大利亚商人报出了价格，马尔莲娜一听头直摇："你这个价格太离谱，我们不可能接受。"马尔莲娜知道，澳大利亚商人深知贸易谈判的诀窍，卖方故意把价钱喊得出人意料，迫使买方不得不把价格上浮，最后卖个好价钱。

马尔莲娜轻轻转动着手上的笔，一副毫不在意的样子。

澳大利亚商人又报出了个价格，马尔莲娜依旧摇头。

几番交手之后，澳大利亚商人急了，问道："我不知道贵国到底想付多少钱才肯成交！否则再这样谈下去，我们的生意根本做不成。"

马尔莲娜笑着说："依我看，是你们太没诚意，出这么高的价钱，让人根本承受不了。按你们的价钱，我可以到任何国家买到小麦，干吗非要同你们做生意。"

马尔莲娜坚持出价要低、让步要慢的原则，以取得和澳大利亚商人讨价还价的余地。买卖双方在激烈的争辩中，都企图削弱对方的信心，这样谈判陷入了僵局。

双方都开始沉默不语。

好半天之后，马尔莲娜故意伸了下懒腰，站起身，说："我看同你们谈下去也毫无结果，不如回家休息休息，明天再找一家谈谈，其他的商人可能比你们有诚意。"她说完，竟起身想走。其实，这是马尔莲娜故意玩的花招。

澳大利亚商人一见这种情况，连声说："别急，别急！我们还可以坐下来再商量商量，一定会让双方都满意的！"

一听澳大利亚商人这么说，马尔莲娜才回到座位上。

澳大利亚商人实在不愿以那么低的价格出售小麦，但今年小麦大丰收，你不卖给苏联，那其他人也会卖的。几个澳大利亚商人把脑袋凑在一起，嘀嘀咕咕地商量起来，过了一会儿，他们的代表说："我们再出一个最低的价格，希望这下能够成交！"

马尔莲娜听完后，不置可否地笑笑，她把话题一转，说："好吧，我同意你们提出的价格。如果我们政府不批准这个价格，我愿意用自己的工资来支付差额。但是，这自然要分期付款，可能要我付上一辈子！"

澳大利亚商人从来没遇到过这样的谈判对手，一个个面面相觑。他们知道，如果想使谈判达成协议，惟一的办法就是重新考虑要价，定出苏联政府所能接受的价格。最后，他们只好再次压低价格。

马尔莲娜以自己的智慧和毅力取得了贸易外交上的胜利。

·没有拥抱·

卡洛斯是西班牙的国王。1976年，他和王后开始对拉丁美洲进行访问。

这次访问中，最让人关注的就是国王和阿根廷军人总统魏地拉的见面。魏地拉是靠军事政变夺取国家政权的，一直受到各方面的批评。

明天就要和魏地拉见面了，王后问卡洛斯怎么办。

卡洛斯想了一下，说："我有办法。"

王后说："西班牙议会外交委员会中的反对派在国王临行前，曾经对您要和魏地拉见面一事提出了强烈的质问，不希望您向掌握独裁政权、违反民主观念的魏地拉表示友好，如果您不按他们的想法做，说不准会有人以此大做文章。"

卡洛斯点点头，长长出了口气："何止是他们，连国外的某些势力也等着看我的笑话。"

王后叮咛道："那您就要更加注意了。"

国王点头说："这件事上我自有分寸。"

来自世界各地的几十名记者也聚集到了阿根廷首都布宜诺斯艾利斯，准备作关于卡洛斯国王与魏地拉将军拥抱的摄影报道。如果卡洛斯国王和魏地拉拥抱，那就表示支持魏地拉的军人独裁政权。从表面上看，这似乎只是外交礼仪上的事，实际上却包含着丰富而深刻的内涵。

第二天，魏地拉一大早就在等待着同卡洛斯见面了。

当卡洛斯出现在魏地拉面前时，魏地拉张开双臂，向卡洛斯迎去。记者们的照相机、摄像机都瞄准了这一刻。

卡洛斯虽然非常礼貌地迎了过去，但并没有张开双臂，他微笑着朝魏地拉点点头，伸出了一只手。魏地拉一见，只好放下自己的双臂，和卡洛斯的双手握在了一起。

双方只是礼节性地握了握手，然后进行了一系列富有成效的交谈，并签署了联合公报。在公报中魏地拉保证保护人权，并允诺释放几个因政治原因而被监禁的西班牙人。

西班牙的一些政党原先反对国王的这次访问，不过他们现在也承认，这次访问取得了良好的效果，据说美国《新闻周刊》还想把双方握手的照片印在杂志的封面上。

·"项庄舞剑"·

丁刚是非洲祖鲁人的酋长，他出生于18世纪末期。丁刚保持和完善了前几代酋长建立的军事制度，不分部落、按军龄等级组成兵团，同时，他还想尽各种办法取得先进的兵器和战马，对祖鲁人进行全面的武装，从而有力地打击侵略者。

19世纪初期，英国侵略者加紧了对非洲的侵略，白人后裔布尔人也纷纷响应英国侵略者。为了占领非洲的纳塔尔，1837年10月，布尔人的"总统"雷提夫写信给丁刚，要求祖鲁人把相邻的一块土地划给他们。

祖鲁人顿时愤怒起来，大家都要求拿起武器，和布尔人拼个你死我活。丁刚说："这件事，我们得想个好办法，千万不可鲁莽，到时候，我会有办法的！"

1838年2月3日，雷提夫亲自率领71名骑兵和30名南非土著人气势汹汹地进入了祖鲁人的首府。

几个祖鲁士兵刚想拦住他们，雷提夫大喝一声："你们谁敢拦我，我马上让他的人头落地！"

马上就有人向丁刚作了禀报，丁刚强压住心头的怒火，出来迎接雷提夫。雷提夫提着马鞭进来了，他往椅子上一躺，把脚跷到了丁刚的桌子上。雷提夫用白眼翻翻丁刚："上次我给你写过一封信，现在，我就是来办这事的。"雷提夫边说，边挥了挥手，让手下把一封公文递到丁刚手上，"只要在上面签个字就行啦！"

丁刚扫了两眼文件，文件是让他们割让一部分土地。丁刚故意摆出一脸顺从的样子，说："我签，我签，谁让你们厉害呢！"

　　雷提夫哈哈大笑，他看丁刚签好名后，转身就走。丁刚忙上前拦住了他，说："贵客来了，我们还没有尽地主之谊呢！我们祖鲁人都想为总统阁下表演战舞以庆祝和约签订的成功。"

　　一见丁刚这么听话，雷提夫更得意了，他马上答应了丁刚，并派人去把他的士兵都喊来看祖鲁人的战舞。

　　这样，丁刚就有机会把一批批军队调到了祖鲁首府。2月6日，为雷提夫表演的"战舞"集会正到高潮时，丁刚一声令下，祖鲁战士宛若神兵天降，迅速地将雷提夫和他的士兵们一举擒获。

　　接着，祖鲁人向布尔殖民者发起反击，并且取得了很大的胜利。祖鲁人的反击，使布尔殖民者遭到了自1835年大迁徙以来最惨重的失败。